달나라로 간 소신

달나라로 간 소신

초판 1쇄 발행 2018년 9월 20일
2쇄 발행 2019년 5월 29일

지은이 이낙진
펴낸이 장길수
펴낸곳 지식과감성#
출판등록 제2012-000081호

디자인 안영인
편집 이현, 안영인, 최지희, 조혜수, 장홍은
교정 이주영
마케팅 고은빛

주소 서울시 금천구 벚꽃로 298 대륭포스트타워6차 1212호
전화 070-4651-3730~4
팩스 070-4325-7006
이메일 ksbookup@naver.com
홈페이지 www.knsbookup.com

ISBN 979-11-6275-283-8(03810)
값 13,000원

ⓒ 이낙진 2018 Printed in Korea

잘못된 책은 구입하신 곳에서 바꾸어 드립니다.
이 책의 전부 또는 일부 내용을 재사용하려면 사전에 저작권자와 펴낸곳의 동의를 받아야 합니다.

이 도서의 국립중앙도서관 출판예정도서목록(CIP)은 서지정보유통지원시스템
홈페이지(http://seoji.nl.go.kr)와 국가자료공동목록시스템(http://www.nl.go.kr/kolisnet)에서
이용하실 수 있습니다. (CIP제어번호 : CIP2018029736)

 홈페이지 바로가기

만난 에세이
기억과 기록이

달나라로 간 소신

이낙진 지음

서문

알고 보면 소중한 일상 혹은 히스토리

아! 정말 나의 소신^{所信}은 달나라로 달아난 걸까. 2007년 가을, 나는 '소신에 대한 소신'이라는 그럴듯한 이름을 미리 정해놓고 교육칼럼집을 준비하고 있었다. 입사 후 15년 넘게 신문에 글 쓰는 일을 하다가 갑자기 월간지로 발령을 받은 탓에 남는 시간을 주체할 수 없던 때다. 거의 매일 200자 원고지로 따져 10장 이상은 쓰면서 살았는데…. 뭐라도 해야 했다. 신문이나 잡지에 쓴 글과 여기저기 기고한 것을 모으고, 부족하면 더 쓸 요량이었다.

그러던 어느 날 시골집에 갔다가 복병을 만났다. 파키라 화분 받침으로 전락해 버린 《선원속보^{璿源續譜}》를 마주한 것이다. 혼자서는 들기도 벅찬 연감처럼 두꺼운 책이다. 전주이씨^{全州李氏} 대동보^{大同譜} 가운데 석보군파^{石保君派}의 족보로 상·하 각 3권을 다 합치면 2,000여 페이지에 달한다. 시조^{始祖}부터 현대^{現代}에 이르기까지 방대한 가계家系 이름이 적혀 있으니 어지간한 노력 없이는 다만 몇 줄 읽기조차 쉽지 않다.

화분 받침은 겨우 면했지만 내가 들춰보지 않으면 목침木枕 대용으로도 쓰이지 않을《선원속보》아닌가. 딸들에게 이 난해한 책을 보라고 할 수 있을까. 안 되겠다 싶었다. 어려운 한자를 자전字典에서 찾아 가계도를 그려 줘야겠다는 생각이 들었다. A4 용지 서너 장이면 족할 것으로 어림잡았다. 그러던 것에 어린 딸들 읽기 쉽게 하겠다고 살을 붙이고, 이야기를 만들어 보탰다. 시나브로 신이 나 사나흘 예정했던 작업이 점점 길어졌다. '소신' 칼럼은 잠시 접어두기로 했다.

멈출 수 없는 지경에 이르렀다. 쟁점이 부딪치거나 주관을 담은 칼럼도 아닌 만큼 부담은 없었다. 수십 장이 훨씬 넘어갈 즈음 정신을 차렸다. 그만둘 때다. 목적한 대로 쉽게는 된 것 같은데 필요 이상 길어졌다. 딸들이 기꺼이 읽어줄까 하는 의문이 들면서 괜한 짓을 한 것 같은 후회도 생겼다. 함께 사는 이 선생에게 읽어 보기를 강권, 가사家事와 교수·학습 준비에 들여야 할 시간을 축내기도 했다. 6개월 만에 신문으로 복귀하자 시간마저 없어졌다.

그로부터 또, 먹고사는 일에 치여 잊고 지낸 원고를 다시 만난 것은 올 2월이다. 이것저것 서랍 속에 들어 있는 USB 목록을 살피는데 '소신' 파일이 있다. 열어 보니 웃음이 나왔다. 빨

갛게 잘 익은 줄 믿고 자른 수박이 하얀 상태인 느낌이었지만 버리기는 아까웠다. 딸들에게 프린트나 해주려 휴대폰으로 옮겨 오가며 읽어 보니 나름 옛일이 새록새록 떠올랐다. 어린이들의 〈고향의 봄〉 부르는 소리가 들리는 듯도 하고, 〈임을 위한 행진곡〉이 파노라마처럼 펼쳐지기도 했다.

지극히 개인적 소사小事에 어설픈 문체文體라 더 이상 무엇을 어찌할 바는 아니었는데 "교육칼럼보다 재미있다"며 "책으로 내라"는 주변의 지나가는 말을 진심으로 받아들였다. 소신이 달아나 버리는 순간이고, 책冊으로 책責잡힐 일을 벌인 계기다. 계수나무 아래서 방아 찧는 토끼를 만나러 가야 하기에 늘 그 타령인 교육정책에 대한 소신 있는 비평은 안목眼目이 더 깊어진 다음으로 미뤘다. 사실 거기에 소신이 있으리란 법도 없다.

이 책은 나와 우리 가족의 이야기를 기본 바탕으로 하고 있다. 그러다 보니 "뭐 이런 걸 책으로까지 냈느냐?"고 타박할 사람도 물론 있을 수 있다. 아무튼, 이 책의 글들이 논픽션임을 전제하더라도 장르는 좀 애매하지만 문학의 영역에서 완전히 멀다고 하기는 섭섭한 구석이 있다. 책이 난무亂舞하는 세상이다. 그래서 감히 어쭙잖은 것으로 편승하는 것 같아 송구한 마음이 드는 것도 고백하지 않을 수 없다.

소설가 이승우李承雨 선생은 "책 속에서 책이 나온다"며 "책을 읽다가 나는 씌어지지 않은, 그러나 곧 씌어질 또 다른 책을 발견한다. 그러니까 책은, 아직 태어나지 않은, 수없이 많은, 몇 권인지도 모르는, 미래의 책들의 자궁이다"라고 했다. 그러나 나는 이 책을 계기로 이와 유사한 책을 또다시 잉태하지 않을 것이기에 그나마 용서를 구하는 마음이 조금은 편하다.

결론적으로 이 책은 2007년 가을에서 겨울 무렵 '쉽게 풀어보는 족보' 정도의 차원으로 써(쳐) 내려간 글을, 11년이 지난 2018년에 다시 읽고, 새롭게 떠오른 몇 가지 느낌을 덧붙여 엮은 것이다. 묵은 글을 다시 보니 수정의 욕구가 컸으나 그리하면 한도 끝도 없을 것 같아 부끄러움을 참았다. 염치없지만 이 글이 '나의 이야기 같아서' 혹은 '나와는 다른 이야기'라서 기뻐하거나 아파하는 사람도 있기를 바라는 마음이다.

오늘 유난히 이 선생의 오카리나 소리가 감미롭다. 이 선생은 "좋은 연주를 하기 위해서는 악보樂譜를 충실히 따르는 것이 기본"이라고 말한다. 내 삶을 살찌우는 조언이다. 책 끊은 지 오래돼 금단현상마저 사라진 내가 애초에 품었던 소신을 뒤로 하고, 달나라 여행을 떠나는 것도 다 이 선생 덕분이다. 감사하다. 프로필 캐리커처를 그린 안세희 화백과 발문跋文을 쓴 박인기 교수님께도 각별한 사의謝意를 표한다.

2018년 가을

이낙진

일러두기

이 책의 각 장﹡ 앞부분(■)은 2007년 가을, 뒷부분(■■)은 2018년 봄에 썼다. 15장 전체가 그렇다. 픽션이라 생각하면 무방하지만 굳이 시간대를 알고 싶다면 역으로 계산해야 한다. 하지만 그런 수고는 권하지 않는다.

차례

| 서문 | 알고 보면 소중한 일상 혹은 히스토리 | 4 |

moderato
- 01. 여름 — 13
- 02. 동행 — 25
- 03. 소년 — 37
- 04. 내공 — 49
- 05. 생활 — 63

ritardando
- 06. 성장 — 79
- 07. 여우 — 91
- 08. 이별 — 103
- 09. 조상 — 115
- 10. 라면 — 127

a tempo
- 11. 청춘 — 143
- 12. 원고 — 155
- 13. 출장 — 167
- 14. 편지 — 179
- 15. 신념 — 191

| 발문 | 새로운 장르를 향한 긴장 그리고 자기애 | 205 |

moderato

학창시절 불끈불끈
가출을 꿈꿨으나 결행하지 못했다.
소피 마르소의 얼굴 사진과
〈목마와 숙녀〉는 책받침의 앞뒤였다.

1. 여름

-일 배요! 조선 왕이 구층 단 위를 향해 절했다. 세자가 왕을 따랐다. 조선 기녀들이 풍악을 울리고 춤추었다. (…) 조선 왕은 오랫동안 이마를 땅에 대고 있었다. 조선 왕은 먼 지심 속 흙냄새를 빨아들였다. 볕에 익은 흙은 향기로웠다. 흙냄새 속에서 살아가야 할 아득한 날들이 흔들렸다.

김훈金薰 선생 장편소설 《남한산성》의 끝이 보인다. 국판보다 작은 사이즈의 400여 쪽 가운데 겨우 다섯 페이지를 남기고 있다. 작가의 미문美文에 취한 나는 결말이 어떻게 될지 궁금해 견딜 수가 없었지만 가능한 한 천천히 읽어 나가기로 했다.

여름휴가를 앞두고 나는 세 권의 책을 구입했다. 조엘 오스틴Joel Osteen 목사의 《긍정의 힘》과 제임스 맥그리거 번스James

MacGregor Burns 교수의 《역사를 바꾸는 리더십》 그리고 《남한산성》이 그것이다. 모처럼 9일이라는 긴 휴가를 얻어 풍성해진 여유에 책 읽고, 놀고먹을 생각이었다. 그래서 책 세 권을 저축하는 마음으로 사면서 휴가 준비를 했던 것이다.

계획은 지켜지지 않았다. 《긍정의 힘》은 프롤로그도 읽지 않았는데 휴가 내내 동행한 탓으로 겉표지는 이미 바랬고, 《역사를 바꾸는 리더십》은 책상 위에서 자세 한번 흐트러트리지 않고 얌전히 있었다. 발등에 불이 떨어졌다. 휴가 마지막 날이 돼서야 마음이 급해졌다. 놀고먹는 것은 해냈는데 읽는 것은 시작도 못 하고 말았다. 소설이 읽어내기 편할 것이다. 늦은 아침을 먹고 반쯤 누운 편한 자세로 《남한산성》을 소파로 불렀다. 책의 서문은 "허송세월하는 나는 봄이면 자전거를 타고 남한산성에서 논다(책에는 서문이 '하는 말'로 되어 있음)"로 시작됐다.

지난 7월 말인가. 〈조선일보〉 토·일 섹션 〈Why?〉에 김 선생 인터뷰 기사가 실렸다. '문장으로 독자를 고문하고 싶다'는 제목이 고문처럼 다가왔다. 그가 그렇게 표현했는지 편집자가 그리 뽑았는지 알 수 없지만 참 멋지다는 생각을 했다. 이 시대 최고 인기 작가의 인터뷰에 그토록 어울리는 제목이 있을까. 맞아, 김 선생은 그 기사에서 몇 천만 원짜리 자전거를 갖고 있다고 했다. 자전거 타는 큰 대회에도 나간다고 했는데 그 대회 이름은 기억나지 않는다.

《남한산성》으로 한두 발자국씩 들어갈수록 나의 자세는 곧게 변해 갔다. 아무리 놀아도 지치지 않는 딸들이 거실을 놀이터마냥 뛰어다녀도, 이 선생이 과일을 내와도 좀처럼 책에서 눈을 떼지 못했다. "어, 재밌네. 진작 읽을 걸" 하는 후회마저 들었다. 윤이가 아이스크림을 아껴 먹듯이 천천히 야금야금 읽어 나갔다. 읽어도 그 양이 줄어들지 않았으면 좋겠다는 생각까지 했다. 점심을 먹은 것 같지도 않았는데 어느 틈에 벌써 저녁 시간이 돼가고 있었다.

오이도에 가서 해물칼국수나 먹고 오자는 성화戒火는 뿌리칠 수 없었다. 그 긴 휴가 동안 아무리 잘해 줬어도 휴가가 끝나는 오늘 섭섭하게 하면 빛이 날 리 없다. 딸들과 나갈 채비를 갖추고 현관문을 나섰다. 오이도는 섬의 모양이 마치 까마귀의 귀와 비슷하다고 해서 오이도烏耳島라는 이름이 붙여졌다는 설說이 있다. 그러나 까마귀의 귀는커녕 까마귀조차 가까이서 본 적이 없는 나로서는 오이도에 갈 때마다 "관찰력 좋은 사람들 참 많아"라고 중얼거리며 시동을 거는 버릇이 생겼다.

차에 앉자마자 윤이가 언니에게 끝말잇기 놀이를 하자고 제안했다. "아빠, 뭐로 시작해요?" 윤이가 묻는다. "글쎄, 그냥 오이도로 하면 어떨까?" 아무래도 싱겁게 끝나고, 떼쓰고 할 것 같은데 아니나 다를까. 윤이가 "오이도"를 하자 은이가 "도둑"

으로 응수했다. "둑, 둑" 하던 윤이가 황당하다는 표정을 짓는다. 엄마에게 도와달라는 눈치를 보내지만 엄마라고 별수 있나. 이 선생이 "윤아, 아빠에게 물어봐"라며 떠넘겼다. 나는 아예 못 들은 척하며 창문을 내렸다.

주말을 앞뒤로 낀 9일이지만 짧지 않은 시간이다. 5일간의 휴가원을 제출하면서 나는 스스로 직장생활 17년 만에 이렇게 긴 휴가는 처음이라는 사실을 깨달았다. 뭘 하면서 이 기나긴 휴가를 보내야 할 것인가. 니체Friedrich Nietzsche는 하루의 3분의 2를 자기 맘대로 쓰지 못하는 사람은 노예라고 했는데 헉, 나는 종살이를 했나 보다. 나 한 사람 자리를 비운다고 회사가 돌아가지 않는 것도 아니고, 윗분들이 눈치를 준 적도 없는데 나는 오래 쉬어 보지 못했다. 오래 쉬어 보지 않아 쉬는 일에 익숙하지 않을뿐더러 쉬지 못해 안달이 난 적도 없다.

닷새는 전남 순천順天의 처가妻家에서 보냈다. 방학을 맞은 처와 아이들은 이틀 앞서 내려갔다. 함께 가도 좋으련만 아이들이 기차를 타는 것도 큰 경험이라는 생각에 은이가 학교에 들어간 후부터는 늘 이 선생과 딸들이 먼저 내려가고 나는 그 주 토요일에 합류했다. 이번에는 지리산 계곡에서 합류가 이뤄졌다. 광주에 사는 작은동서 내외가 아침 일찍 지리산으로 출발해 캠핑할 자리를 잡아놓고 있으면 처가 식구와 내가 찾아가기로 하였다. 준비해 온 음식을 먹으며 계곡물에 발을 담그는 휴가지의 모습이 저절로 그려졌다.

새벽 6시에 일어나 세수만 하고 나섰다. 가져갈 짐은 어젯밤에 다 실어둔 상태다. 미리미리 짐 챙겨놓는 것도 습관이 되고 부지런해야 가능한 일이다. 영동고속도로는 군포IC부터 강릉 방향으로 정체가 시작돼 있었다. "놀러 가는 일만큼 부지런해야 하는 게 또 있을까. 오늘 중에 도착하기는 그른 것 같다." 대꾸해 줄 사람도 없는 차 안에서 나는 혼자 중얼거렸다. 운전하면서 먹으려고 냉장고 속에 남은 과일을 몽땅 가져왔는데 어찌 된 일인지 입에 당기는 것이 없다. 귤이라도 하나 까볼까 하다가 그만뒀다.

영동고속도로에서 경부고속도로로 접어드는 데 한 시간이 지나버렸다. 경부고속도로도 밀리기는 마찬가지다. 시계는 어느덧 9시를 넘기고 있다. 내비게이션은 오후 5시쯤 목적지에 도착할 것으로 예상한다. 이 선생이 전화를 했다. "어디쯤이야? 우린 출발했어." "많이 막히네. 좋은 자리 잡아서 놀고 있어." 대전-통영 간 고속도로 휴게소에서 라면을 하나 사 먹고 계속 달려 뱀사골에 도착하니 오후 2시가 조금 넘었다. 그나마 다행이다. 내비게이션의 예상보다 세 시간은 빨리 도착했다. 물속에 들어가 있는 딸들이 멀리서 아빠에게 손짓을 했다.

휴가 둘째 날 눈을 뜬 것은 해가 중천에 걸렸을 때다. 장모님이 사위 피곤하다고 늦잠 자도록 배려해 준 덕분에 어젯밤 마신 술까지 다 깬 다음에서야 일어났다. 막내동서와 나는 회사 일로 나중에 합류한 처남과 둘러앉아 밤늦도록 술을 마셨다. 소주, 매실주, 맥주로 이어진 술자리 중간에 취해서 달아난 막내동서가 반쪽이 된 얼굴로 텐트 속에 누워 있다. 1년에 한두 차례 만나는 처남이고 동서이다 보니 모이면 술판이 커진다.

처남, 그러니까 이 선생의 오빠 이세호李世鎬는 이 선생보다 네 살 많지만 나보다는 한 살 어린 손위 처남이다. 결혼도 우리 부부보다 1년 늦게 했다. 순천대학교를 나와 광양제철소 협력회사에 다니고 있다. 10년 넘게 국민은행에서 직장생활을 한 처남댁은 지난해 명예퇴직을 하고 아이들 키우는 일만 한다. 둘 사이에 아들 성준成俊이와 성민成珉이가 있다. 성준이는 아홉 살, 성민이는 다섯 살이다. 장인어른이 술을 한 잔도 못하는 데 반해 처남은 술을 즐긴다. 몸이 받쳐주는지 함께 술을 마시고 난 후 나는 고생을 해도 처남은 고생하는 것을 보지 못했다. 성격도 느긋하고 원만해 부모형제 간에 얼굴 한번 붉힌 적이 없다.

순천에 있는 동안 구례 화엄사華嚴寺와 담양 소쇄원瀟灑園을 찾았다. 화엄사에는 영산회괘불탱靈山會掛佛幀, 각황전覺皇殿, 각황전 앞 석등石燈, 사사자삼층석탑四獅子三層石塔 등 4점의 국보와 보물 5점, 천연기념물 1점, 지방문화재 2점 등 많은 문화재가 있다는 알림판을 보며 메모까지 했으나 머릿속에 오래 남지는 못할 것을 알고 있다. 한국 정원庭園 문화의 진수를 보여 준다는 소쇄원에서 이룬 성과는 은이에게 가마솥이 걸리는 아궁이를 보여 준 것이다. 아마도 초등학교 교과서에 아궁이가 나왔는지 얼마 전에 아궁이가 뭐냐고 물었는데 정확하게 알려 주지 못한 터였다.

주차비와 입장료까지 받는 것은 좀 심하지 않은가 하는 생각을 잠깐 했지만 그것조차 없으면 이런 문화재를 누가 어떻게 관리할까 싶었다. 인근 대나무박물관에서 산 부채는 요즘도 유용하게 쓰고 있다. 장모님과 장인어른은 하루하루 맛난 것을 해주느라 고생이다. 요리 연구가 못지않은 장모님이 어느새 손질한 장어를 굽기 시작했다. 안주만 먹을 수는 없는 일 아닌가. 술병이 쌓이는 만큼 처가에서의 휴가도 끝나가고 있다. 올라가는 길에는 대천大川에 들러볼 작정이다. 서울시 교육청 학생수련원에 파견 근무 중인 유 장학관이 꼭 한번 놀러 오라고 당부한 것이 생각났다.

대천에 사람이 엄청나다. 숙소 인근은 물론 공영주차장을 서너 바퀴 돌아도 차 댈 곳을 찾지 못했다. 마침 떠나려고 짐을 싣고 있는 차 뒤에서 기다린 끝에 겨우 댈 수 있었다. 여장旅裝을 풀기 무섭게 딸들은 수영복으로 갈아입고 바닷물로 뛰어들 준비를 끝냈다. 튜브를 하나 빌려 놀아주는데 윤이는 바닷물을 몇 번이나 마셨다. 바닷물이 더러워 보이는 것은 지난밤 백사장의 흔적과 섞여서일까. 딸들은 더럽고 짠 물을 삼키면서도 파도타기가 즐겁단다. 내일은 인근의 실내수영장으로 가야겠다. 아이들이 놀기에는 그나마 덜 위험한 실내가 좋을 것이다.

 해수욕장과 가까운 곳에 있는 실내 물놀이장은 어른의 경우 이용료가 5만 원이다. 오후 3시 이후에 입장하면 4만 원. 할인 요금을 적용해 주는 카드도 없고, 지역주민 우대혜택도 받을 수 없는 우리로서는 정해진 금액을 다 내야 했다. 최고 성수기이니 실컷 노는 것으로 만족할 수밖에 다른 도리가 없다. 은이와 윤이가 그만 놀자고 할 때까지 있어 보겠다고 생각했다. 그러나 3시에 입장해서 8시가 다 돼도 딸들은 지친 기색이 없다. 그만 가자고 할까 봐 틈만 나면 밤늦도록 놀아도 되느냐고 묻는다. 먼저 지친 이 선생과 나는 딸들에게 음료수 하나씩 사주며 겨우 달래어 물놀이를 끝낼 수 있었다.

 조개구이집도 불야성이다. 그 많은 조개구이집에 발 디딜 틈이 없어 보인다. 오이도보다 내놓은 조개의 양은 적은 듯했으나 배를 채우려고 먹는 것이 아니니 투덜댈 일도 없다. 하루가 또 저물고, 한여름 밤 바닷가에 깊은 어둠이 깔리지만 젊은이들의 목소리는 도리어 높아진다. 새벽이 되어도 그들의 흥은 멈추지 않는다. 대천에서 돌아오는 길은 국도를 택했다. 국도를 타면 고즈넉한 시골 풍경을 덤으로 보는 즐거움이 있다. 착한 내비게이션은 목적지를 누르고 '무료'를 한 번 더 누르면 돈

한 푼 들지 않는 편안한 국도 길을 알려 준다. 우리 차 내비게이션 성우는 개그맨 박명수인데 호통을 치면서도 길 안내는 일등이다.

오이도의 해물칼국수는 그 양과 질에서 칭찬을 아낄 필요가 없다. 2인분을 시키면 네 식구 실컷 먹고도 남는다. 발라낸 조개껍데기가 양푼 하나에 가득하다. 든든히 저녁을 먹고 돌아와 남은 《남한산성》을 아껴 읽고 있는데 휴대전화가 울렸다. 박 과장이다. "목요일에 만나기로 했습니다. 일단 시간 비워두시죠." 언제 들어도 그의 말투는 너무 사무적이다. 어지간해서는 간단한 안부조차 묻는 일이 없다. 짧게 끊어지는 말에서 틈을 찾을 수 없다. 시간을 비워두면 약속이 있는 날 아침에 장소를 알려 주는 전화가 올 것이다.

긴 휴가가 끝났다. 이 선생과 딸들은 방학이지만 열흘 만에 출근을 앞둔 나는 자야 한다. 《남한산성》을 끝내는 것이 못내 아쉽지만 어쩌랴. 붙잡고 있는다고 끝난 것이 끝나지 않을 것도 아니고, 안 끝난다고 더 볼 것이 남은 것도 아닌데 더 이상 미련을 두면 무엇 하겠는가. 눈을 감고 잠을 청하자 머릿속에서는 인조仁祖의 슬픈 모습이 어른거린다. 허허로운 임금이 다가왔다. 소현세자昭顯世子는 어디쯤 가고 있을까. 서날쇠는 쌍둥이 아들 중 어느 녀석과 나루의 혼례를 치러줄까.

파죽지세 흥행세를 이어가던 〈디 워D-War〉가 누적 관객 500만 명을 돌파한 것은 8월 11일이다. 그날은 토요일이라 우리 가족도 대세를 따르고자 영화관을 가려 했으나 마침 은이가 치과에 가는 날과 겹쳤다. 은이가 다니는 치과에 가면서 나도 스케일링이나 해야겠다고 생각했다. 스케일링에 앞서 치아 상태를 점검하던 의사가 치료부터 권한다. 이가 좋다고 생각했는데 사실은 이가 고르고 예쁘기는 하지만 속으로는 상한 것이 많았던 모양이다. 적지 않은 비용에 당황했지만 시간이 지날수록 더 많은 돈이 들 것이라는 말을 위안으로 삼을 수밖에 없었다.

〈디 워〉는 한 주가 더 지나면서 관객 수 700만 명을 넘었다. 그 영화의 이름을 처음 들었을 때 '디'가 드래곤dragon의 D가 아니라 정관사 'The'인 줄로 알았다. 〈디 워〉를 꼭 봐야겠다고 생각한 것은 심형래 감독이 방송에 나와 "미국에서 1,500개의 상영관을 확보하는 게 얼마나 힘든 줄 아느냐"며 감정이 북받쳐 한동안 말을 잇지 못하는 모습을 보고서다. 〈디 워〉와 함께 흥행 돌풍을 이어가는 〈화려한 휴가〉는 영화평론가들로부터 후한 점수를 받는 데 비해 〈디 워〉는 "어이가 없다"느니 "애국주의 마케팅을 하고 있다"라느니 하는 혹평을 받는 것이 안타깝다.

설령 그러면 어떤가. 심 감독이 우리나라 영화산업에 무슨 해악을 끼친 것도 아니고, 오랜 시간 죽을 고생을 하며 만들었다는데 7,000원 내고 봐주는 것이 잘못된 일은 아니지 않은가. "영화도 아니다"라고 깎아내리는 사람도 있는데 영화가 아니라면 무엇인가. 소위 평론가라고 하는 사람들은 관객의 애국주의를 강요하기도 하고, 때로는 '국뽕'이라는 비난을 일삼기도 한다. 중요한 것은 그 잣대가 감독이 누구냐에 따라 달라져서는 안 된다는 것이다. 오락영화에 완성도가 꼭 필요한 것인지 모르겠지만 나는 재미있게 보고 있는데 윤이가 '부라퀴' 무리들이 무섭다며 그만 보자고 할까 봐 그것이 지레 걱정이다.

■■

나이가 들수록 추석이나 설 명절이 썩 반갑지 않다. 술酒시가 따로 없다는 것과 영화映畵를 맘껏 볼 수 있다는 사실이 그나마 다행이라면 다행이다. 지난해 추석 무렵 영화 〈남한산성〉이 개봉됐다. 이병헌(최명길), 김윤석(김상헌), 박해일(인조), 고수(서날쇠) 등 역대급 배우들이 1636년 12월 14일부터 1637년 1월 30일까지 47일 동안 고립무원의 성城에서 벌어진 참담한 기록을 그렸다. 대신들의 주장은 서로 맞선다. "한 나라의 군왕이 어찌 만백성이 보는 앞에서 치욕스러운 삶을 구걸하려 하시옵니까." "오랑캐의 발밑을 기어서라도 죽음은 견딜 수 없고, 치욕은 견딜 수 있는 것이옵니다." 척화파의 말은 실천 불가능한 정의였으며 주화파의 주장은 실천 가능한 치욕이었다. 400여 년이 흐른 오늘도 크게 달라진 것은 없다. 명분과 실리, 신념과 원칙은 치열하게 부딪힌다. 김상헌의 길 잃은 탄식이 오히려 정의롭게 들린다. "다만 당면한 일을 당면할 뿐입니다."

은이와 윤이는 끝말잇기 놀이를 하지 않는다. 스물 하나의 대학생, 열여덟의 고2가 되었다. 은이는 대부분의 아이들이 그런 것처럼 사춘기思春期를 겪고, 이를 넘어 성장했다. 팔짱을 끼고 걷다가 "엄마랑 데이트할 때 생각난다. 아빠는 지금도 총각처럼 보이지" 하고 물으면 "거울은 괜히 있는 것이 아닙니다"라며 깔깔댄다. 대학에서 경제학 전공을 목표로 하고 있는 윤이는 공부에 열심이다. 읽고 싶다는 책을 죽전도서관에서 빌려다 주거나 도서관에 없는 책은 인터넷으로 주문해 주는 심부름 정도가 나의 몫인데 그 재미가 괜찮다. 어느새 나는 다 큰 딸들의 아양에 세상 걱정 잊어버리는 딸바보가 되었다. 요즘도 방학을 맞으면 2~3일은 처가에서 보낸다. 이제 길도 예전보다 무척 좋아져 천안-논산, 완주-순천 고속도로를 달리면 채 300킬로미터가 안 된다. 장모님의 음식솜씨는 변함이 없고, 사위 입에 맛있는 것 하나라도 더 넣어주려는 장인어른의 마음은 깊어졌다.

2. 동행

■

일기예보가 맞긴 맞았다. 아침부터 날씨가 끄물끄물하더니 오후에 시작된 비가 그칠 기미를 보이지 않는다. 이럴 때는 택시보다 지하철을 타야 시간에 맞출 수 있다. 3호선 경복궁역에서 나와 서울경찰청 쪽으로 걸었다. 이 근처가 맞는데 얼른 눈에 들어오지 않아 큰 빌딩 경비원에게 물었다. 역대 대통령을 비롯한 정·관계 인사들과 이병철, 정주영, 최종현 등 재계 거물급 인사들이 즐겨 찾았다는 한정식집 '장원莊園'. 가장 먼저 도착해 있던 이 국장이 "2004년 이곳 필운동에 다시 문을 열기 전인 청진동 시절에 영감님 모시고 자주 왔었다"며 이 집과의 인연을 소개했다.

차 한잔 마시는 사이에 류 과장과 박 과장이 들어왔다. 큰 상을 가운데 두고 박 과장과 내가 왼편에, 이 국장과 류 과장이 오른편에 자리를 잡았다. 박 과장은 젊은 여자 종업원에게 "저기 윗목에 있는 간이 테이블과 의자는 할머니 때부터 있던 것"이라고 아는 척을 한다. 할머니는 1958년 청진동에서 우리나라 한정식집의 원조 격인 장원을 연 주정순 씨를 말하는 것이다. 박 과장은 이 집에 좀 다녔다는 말을 그렇게 에둘러 했다.

얼마 전 시간을 비우라고 했던 박 과장으로부터 전화가 온 것은 10시쯤이다. 나는 아침에 집을 나서며 오늘 술자리를 위해 고급 양주洋酒 한 병을 들고 나왔다. 오래전에 지인으로부터 선물 받은 것으로 값이 썩 나가는 것인데 마냥 보관하는 것보다 형님들과 마셔버리는 것이 깔끔하겠다는 생각을 했다. 비싼 술은 갖고 있는 것 자체가 부담이다. 이러지도 저러지도 못한다. 혼자 마시기는 아쉽고, 그렇다고 두고 보기만 하는 것도 우습다. 섬세한 오크향이 다 날아가 버리는 것은 아닌가 하는 조바심이 생기기도 한다.

식사 전에 입이 심심할까 봐 나온 듯한 마른 김 부스러기를 안주 삼아 30년산 양주를 넘겼다. 지금까지 30년산을 마셔본 적은 없다. 처음인데도 그 맛이 깊고 그윽하다. 편한 형님들과 함께하는 자리라서 그런지 취기도 덜 오른다. 안주가 한 상 가득 펼쳐지고, 가져온 술이 바닥나자 다른 술 한 병이 더 들어왔다. 지난 6월 말 정년퇴직한 이 국장이 "다음 달 작은 회사의 공동 대표이사로 취임한다"며 취업 사실을 발표하자 다들 손뼉을 치며 내 일처럼 기뻐했다. 뱃속에서는 30년산과 17년산이 서로 어울리며 화학반응을 일으키기 시작했다.

이 국장을 비롯해 류 과장과 박 과장 등 오늘의 멤버를 만난 것은 1996년 봄이다. 이들은 당시 서울시 교육감을 지근거리至近距離에서 보좌하고 있었다. 그해 여름 새 교육감 선거를 앞두고 이 국장 등 현 교육감의 재선을 도모하는 세력과 다른 후보를 중심으로 뭉친 세력 간의 치열한 승부전이 펼쳐졌다. 당시는 시·도교육위원회 소속 교육위원들이 교육감을 선출하는 이른바 '간선에 의한 간선제' 시절이었다. 이 국장 등이 모시던 교육감은 25명의 교육위원 가운데 12표를 얻어 1표 차로 분패했다.

당선된 교육감은 자신이 교육위원 신분이었기 때문에 자신의 투표권 행사를 두고 여러 논란을 낳았다. 선거가 끝난 후에도 이를 둘러싼 기나긴 소송이 진행됐다. 이러한 전 과정을 기사화記事化했던 나로서는 이 국장 등을 만날 기회가 많았다. 상대방 진영도 자주 만나기는 마찬가지였지만 패자 쪽에 좀 더 관심을 갖게 된 것은 인지상정이다. 이들은 노련한 공무원이지만 원칙을 지키고 비겁하지 않았다. 교육감의 측근이었다는 사실만으로 당하는 엄청난 불이익을 감내했다. 승진의 길은 요원해 보이고, 한직에서 또 다른 한직으로 한없이 밀렸다.

승자 측에 아량을 베풀라고 말해도 소용없었다. 어떨 때는 당신들도 측근에 있는데 교육감이 바뀔 때마다 이런 악순환이 계속돼야 하냐는 논지의 기사를 써도 달라지지 않았다. 고난은 사람을 단련시킨다. 이 국장 등은 달콤한 유혹과 쉽게 타협하지 않았으며 쉬운 길을 알면서도 그리로 가지 않았다. 그들의 인내를 보는 것만으로도 나는 큰 공부를 하는 것과 마찬가지였다. 내가 그들의 사정을 조금이나마 이해한다고 생각했는지 우리는 가끔 속내도 이야기하는 친구 같은 사이로 변해 갔다. 시간이 지나면서 변방을 맴돌던 그들에게도 기회가 찾아왔다. 교육감이 바뀌고, 복권의 바람이 불기 시작한 것이다. 내공$_{內功}$이 쌓인 그들은 다시 중용됐다.

계속 걸려오는 전화에 류 과장이 불가피하게 가봐야 할 곳이 생겼다며 먼저 양해를 구했다. 평생을 갇혀 있던 공무원이라는 울타리에서 벗어나 홀가분해진 이 국장은 새벽에 골프를 가기 위해 움직여야 한다며 여기까지만 하자고 한다. 그렇다고 파하기에는 좀 섭섭한 시간이다. 그중에 젊은 박 과장과 나는 한잔 더 하기로 하고, 자리를 옮겨 맥주 몇 병을 비웠다. 무슨 말을 하고 있는 것인지 술이 말을 하는 것인지 헛갈리는 지경에 이르렀다. 박 과장은 박식$_{博識}$한 공무원이다. 취중에 하는 말에도 뼈와 살이 구분되고, 정신을 번쩍 들게 할 때가 많다.

박 과장은 예쁘고 착한 딸만 둘을 두었다. 큰 아이는 올해 대학교에 들어갔고, 작은 아이는 외고에 다닌다. 그 녀석들이 초등학생일 때부터 봤는데 세월이 많이도 흘렀다. 시간이 늦어지면서 박 과장의 아내한테 전화가 걸려왔다. 박 과장이 안부나 전하라며 전화기를 넘기는데 취해서 무슨 말을 했는지 도통 생각이 나지 않는다.

  돌아오는 택시 안에서 밖을 보니 여전히 빗발이 굵다. 술기운에도 요금이 걱정이다. 만 원은 더 줘야 할 것 같다. 나로서는 안산安山으로 이사 온 후 없던 걱정 하나가 생겼는데 바로 택시비다. 3월 7일에 이사를 했으니 안산에 온 지도 벌써 5개월이 지났다.

  당초 안산으로 올 생각까지는 없었다. 이 선생은 전근을 앞두고 집이 있는 용인이나 집에서 비교적 가까운 광주廣州를 희망했다. 교육감 표창도 하나 갖고 있고, 나름대로 근무성적도 잘 받았다고 생각했기 때문에 가능성도 있어 보였다. 하지만 주거 환경이 갈수록 좋아지는 용인이나 광주로 희망하는 사람은 많게 마련이다. 1지망에 어디를 쓸까 하고 며칠을 고민하던 이 선생은 아무래도 자신이 없었는지 안산을 1지망에 올렸다. 1지망에 용인이나 광주를 쓰고, 2지망에 안산을 썼다가 안산마저 안 되면 평택이나 이천까지 가게 될지 모른다는 불안한 마음이 컸다. 나중에 안 것이지만 아예 1지망으로 안산을 쓰길 잘했다. 이 선생의 점수로는 용인이나 광주 모두 될 일이 아니었다.

발령장을 받고 온 이 선생은 "2년만 출퇴근하면서 고생해야지" 하며 스스로를 위로했지만 문제는 간단치 않았다. 집에서 새로 부임할 학교까지의 거리가 차로 36킬로미터다. 많이 막히지 않는다고 가정해도 한 시간은 잡아야 할 일이다. 개학을 얼마 앞두고 아이들과 놀이 삼아 새 학교 답사에 나섰다. 토요일 오전이라 차는 막힘이 없지만 50분은 족히 걸렸다. 출퇴근 시간이면 20~30분은 더 소요될 것이다. 하루 이틀도 아니고 여자 몸으로 매일같이 이 길을 운전해가며 왕복할 수는 없는 것이다. 이사를 할까. 이 선생도 이사하는 쪽으로 마음이 기우는 듯했다. 여기까지 왔는데 집이나 한번 알아보고 가자며 인근 부동산으로 이 선생을 끌었다. "이 동네는 마땅한 물건이 없는데 고잔동으로 가보면 어떨까요?" 중개업자는 먼저 문을 열며 자기 차로 움직이자고 서둘렀다.

3월 신학기를 앞두고 이사할 사람들은 진즉 집 구하기를 끝낸 탓인지 물건이 없었다. 어쩔 수 없이 돌아오는데 중개업자에게 전화가 걸려왔다. 방금 누가 전세를 내놓았는데 와보라는 것이다. 집에는 들어가 볼 필요도 없다. 아파트가 다 거기서 거기지 속을 보면 어떻고 안 보면 어떤가. 바로 계약을 하자고 하니 집주인도 중개업자도 놀란다. "물건이 많은 것도 아니고, 우리는 이사를 와야 하니까 바로 합시다." "그래도 집은 한번 보시죠?" "그럼, 그럽시다." 아무 말 대잔치처럼 계약은 단숨에 이뤄졌다. 이사까지는 열흘 남았다. 이제는 살고 있는 집을 전세 놓아야 한다. 돌아오는 길 내내 이사철이 지났는데 전세가 나갈까 하는 걱정이 들었다.

안산의 아파트는 매매가격 대비 전세가의 비율이 생각보다 높았다. 반면 용인은 단지별로 차이는 있겠지만 전셋값이 매매가의 절반에도 못 미치는 수준이다. 이삿날은 다가오는데 전세가 나갈 기미를 보이지 않는다. 마이너스 대출을 받고, 교직원공제회에서 급히 빌린 돈으로 이사를 했다. 집을 비워둔 상태로 이사를 하려니 마음이 편치 않았다. 이사한 후 한 달 보름이 지나서야 집이 빠졌다. 이자 부담은 갈수록 커지고, 매일매일 신경 쓰이는 것이 보통은 아니었다. 이래저래 걱정하는 소리를 들은 회사 선배가 "문고리에 가위를 걸어두면 집이 나간다"며 민간풍습까지 알려 줬다.

평수를 줄여 이사를 하다 보니 갖고 있던 살림도 많이 버리게 됐다. 몇 달 동안 쓰지 않은 물건은 앞으로도 크게 쓸 일이 없을 것이지만 버리는 게 쉬운 일은 아니다. 버릴 때는 과감해야 한다. 이것은 언젠가 쓸 것 같고, 저것은 꼭 필요해서 산 것인데 하는 마음이 들면 버릴 것이 하나도 없다.

은이와 윤이도 학교를 옮기고, 유치원을 바꾸게 됐다. 개학 날부터 이사하는 7일까지 이 선생이 아이들과 함께 출퇴근을 했다. 은이를 학교에 데려다주고, 윤이를 유치원에 내려준 후

이 선생이 출근하는 것이다. 딸들도 환경이 바뀐 것을 아는지 평소보다 일찍 일어났다. 우리의 안산행은 그렇게 갑자기 이뤄졌다. 이사와 더불어 나는 지하철로 출퇴근을 하겠다고 맘먹었다. 결혼 전에는 가끔 지하철로 출퇴근을 했지만 결혼 후에는 처음이다.

> 나의 행복도 나의 불행도 모두 내 스스로가 짓는 것. 결코 남의 탓이 아니다. 나보다 남을 위하는 일로 복을 짓고 겸손한 마음으로 덕을 쌓아라. 모든 죄악은 탐욕과 성냄과 어리석음에서 생기는 것. 늘 참고 적은 것으로 만족하라. 웃는 얼굴, 부드럽고 진실되는 말로 남을 대하고 모든 일은 순리에 따르라. 나의 바른 삶이 나라 위한 길임을 깊이 새길 것이며, 나를 아끼듯 부모를 섬겨라. 웃어른을 공경하고 아랫사람을 사랑할 것이며, 어려운 이웃들에게 따뜻한 정을 베풀어라. 내가 지은 모든 선악의 결과는 반드시 내가 받게 되는 것. 순간순간을 후회 없이 살아라. 오늘 해야 될 일을 내일로 미루지 말고 지금 확실히 해두는 것이야말로 좋은 하루를 사는 길이다.

아침부터 은이의 《법구경法句經》 외는 소리가 우렁차다. 지난 휴가 때 화엄사에서 손수건만 한 크기의 보자기에 적혀 있는 〈나를 다스리는 법〉을 하나 사주었다. "매일 한 번씩 쓰고,

큰 소리로 읽는 것이 이번 방학의 숙제다. 대신 학원은 하나도 안 가도 된다. 실컷 놀아라." 이 선생은 은이에게 다짐을 받았다. 은이도 단단히 약속을 했다. 은이는 신이 났다. 하루 두 장씩 하던 수학 문제집 풀이를 안 해도 되고, 일주일에 두세 번 하는 독후감 쓰기도 당분간 쉬는 것이다. 피아노 치는 것을 좋아하지만 그마저도 싫으면 안 해도 된다. 쉽고 간단해 보이는 숙제를 받은 은이의 얼굴이 빛났다. 이 선생과 나는 "그리 만만한 것이 아닐 텐데" 하는 말을 속으로 삼켰다.

쓰고 낭송하는 시간을 따로 정해 주지는 않았다. 아침이 되었건 저녁이 되었건 하고 싶을 때 하면 되는 일이다. 휴가에서 돌아온 다음 날 은이는 아침 일찍 〈나를 다스리는 법〉을 옮겨 적었다. 그러더니 제 방에서 큰 소리로 읽는다. 그다음 날은 저녁을 먹고 난 후에 했다. 윤이가 언니가 하는 것이 재미있어 보였는지 이 선생에게 "엄마, 나도 할 거야" 하며 자청하고 나섰다. "그럼 윤이는 매일매일 큰 소리로 읽는 것이라도 해라." 덩달아 윤이도 숙제를 받았다. 이 선생도 약속을 잘 지켰다. 쓰고 낭송하는 것 말고는 아무것도 시키지 않았다. 시간이 많아진 은이는 자전거도 타고, 교육방송도 보고, 책도 읽었다. 어떨 때는 심심한지 공부를 하는 모습도 보였다.

어느 날 저녁을 먹은 후 은이가 외워 보겠다며 거실로 나왔다. "나의 행복도 나의 불행도 모두 내 스스로가 짓는 것…" 여기까지

했을 때 이 선생이 그만하라고 했다. "소리가 작네. 이왕 할 것이면 목소리를 좀 더 크게 해야지. 발표하는 자세도 바르게 하고." 은이의 발표는 다음 날로 미뤄졌다. 옆에서 윤이가 호기심 어린 눈으로 쳐다본다. 일주일 정도 지나자 은이의 글씨가 훨씬 반듯해졌다. 처음 베껴 썼을 때는 글씨 크기도 울퉁불퉁 다르고, 줄도 안 맞았는데 많이 좋아졌다. 열흘 정도가 지난 후부터는 은이의 낭송시간이 되면 가족 모두 바르게 앉아 들어주기로 했다. 은이와 윤이는 바른 자세와 큰 목소리로 번갈아 낭송했다.

■■

찬바람이 남아 있는 서울여대 캠퍼스에 봄 오는 소리가 들리는 듯했다. 은이는 학교와 가까운 아파트에서 생활하고 있다. 방 세 개짜리 아파트에 세 명의 학생이 월세로 사는 셰어하우스 share house다. 마침 학교 근처에서 볼일을 마친 나는 무작정 캠퍼스로 향했다. 제1과학관 앞에 있는 매화나무는 꽃망울을 터트리기 직전이다. 은이에게 '톡'을 보냈더니 10분 만에 달려왔다. 집에서 볼 때는 아기라고 생각했는데 여대생들 틈에서 보니 숙녀가 되어 있었다.

아빠가 청소하는데
배고팠던 진공청소기

내 머리방울을

한입에 집어 삼킨다

엄마가 청소하는데

꼬르르륵 진공청소기

내 동생 연필을

쏙~ 빨아들인다.

은이가 초등학교 4학년 때 학교에서 지은 〈진공청소기〉라는 제목을 붙인 동시童詩다. 관찰력과 표현력이 기특하다는 생각에 학급 문집에 남아 있는 것을 가끔 들춰보게 된다. 이 아이가 대학생이 돼 봄바람처럼 나를 흔들리게 한다.

이명박 정부 출범 1년 후 안산에서의 생활을 마치고 죽전으로 돌아왔다. 회사와 조금이라도 가까운 분당으로 가고자 했으나 그 전前 정부에서 엄청 올라버린 터라 원래 살던 집으로 올 수밖에 없었다. 문재인 정부도 여러 대책을 쏟아내고 있지만 이에 아랑곳하지 않고 수도권 집값은 하루가 다르게 호가呼價가 오르고 있다. 규제와 억제는 부작용을 키울 따름이다. 논쟁은 학자들 몫으로 치더라도 시장경제 원리를 외면하고 평등의 관점을 갖는다고 해서 평등해지지 않는다는 사실은 분명한 것 같다. 박 과장은 지난해 여름 정년퇴직 후 중국어 공부에 빠져 있다. 다시 모인 이 국장과 류 과장, 우리 넷은 박 과장의 은퇴를 축하하며 잔을 기울였다. 9급 공무원에서 시작해 부이사관으로 대과大過 없이 퇴직했으니 아무리 축하해도 과하지 않다. 그의 예쁜 딸들은 출가해 그들보다 더 예쁜 아들딸을 낳은 것으로 효도를 대신하고 있다.

3. 소년

충청북도 중원군 소태면 덕은리 세포 386-1. 내가 태어난 곳이다. 중원군中原郡은 1995년 1월 행정구역 개편으로 충주시忠州市에 편입됐다. 전기도 들어오지 않던 어린 시절에 읽을 것이라고는 비료 포대나 농약병 등에 적혀 있는 글씨가 전부였다. 일곱 살에 초등학교에 입학해 글을 깨쳤는데 그전까지 책이라는 것을 구경할 기회는 거의 없었다.

초등학교에 들어갈 무렵 아버지가 동네 이장里長 일을 보게 되면서 당시 정부 기관지 역할을 하던 〈서울신문〉이 배달돼 왔다. 멀리서 우체부 아저씨 오는 모습이 보이면 한걸음에 달려 나갔다. 그 신문 띠지에 적혀 있는 주소를 동요처럼 외웠다. 지금까지도 그 주소가 잊히지 않는다.

어린 시절 이야기를 꺼내면 또래 친구들은 좀처럼 믿지 않는다. "전기도 안 들어왔다"고 하면 "네가 나랑 나이가 같은데 무슨 말이냐. 우리 집에는 텔레비전에 전축까지 다 있었다"고 받아친다. 집에 전기가 들어온 것은 초등학교 3학년 때다. 우리 집은 원주시 귀래면 용암리와 경계를 이루는 시내 하나를 사이에 두고 있었다. 용암리 일대에는 이미 전기가 들어와 있었지만 그 시내를 건너 덕은리 세포까지 전기가 들어온 것은 우리 집이 처음이었다. 나의 기억으로 전기를 끌어오기 위해서는 집까지 전깃줄을 이어주는 전봇대를 비롯한 모든 비용을 수익자受益者가 부담해야 했다. 전기 들이는 데 필요한 액수가 엄청났던 것이다.

동네에 우리 집만 덩그러니 있는 것이 아니니까 전깃줄이 통과하는 곳에 사는 사람들이 분담하면 좋았겠지만 그리했던 것 같지는 않다. 아예 전기 없이 살던 사람들이 전기의 놀라운 효용을 알기까지는 시간이 필요했을 것이다. 아무튼, 우리 집에는 전기가 들어오고 때맞춰 흑백텔레비전도 들어왔다. 수십 리 밖에서까지 신기한 그것을 보기 위해 사람들이 몰려들었다. 늙은 부모님을 리어카에 태우고 온 아저씨도 있고, 죽기 전에 한 번 보겠다며 반나절을 걸어왔다는 할아버지도 있었다. 텔레비전 때문에 사람들이 모여드는 일은 서너 달 이상 계속됐다.

그 이후에도 박치기왕 김일의 레슬링이나 홍수환 선수의 권투시합 등이 있는 날은 어김없이 사람들로 북적였다. 나를 비롯한 동무들은 라시찬이 나오는 〈전우〉를 좋아했다. 총알이 다 떨어지면 개머리판으로 인민군을 때려잡는 백병전白兵戰은 앉아서 볼 수 없는 흥분과 공산당에 대한 무한한 적개심을 심어 줬다. 〈감수광〉을 부르는 혜은이를 보면서 나는 커서 혜은이랑 결혼해야지 하는 생각을 하기도 했다. 전기가 들어오고 백열전구로 대낮처럼 훤해진 밤을 경험한 집들이 전기를 끌어가기 시작했다. 전봇대가 집 근처를 통과한 마당이라 새로 전기를 끄는 집은 우리보다 월등히 저렴한 비용으로 전기를 가져갔다.

  초등학교 3학년 여름방학에 시사일기時事日記 쓰는 숙제가 있었다. 지금 돌이켜 보면 대단한 숙제가 아닐 수 없다. 텔레비전이나 라디오 있는 집이 흔치 않았고, 신문 보는 집은 더더욱 찾기 어려웠던 시절에 좀 어울리지 않는 숙제였다. 나는 텔레비전 덕을 톡톡히 보았다. 텔레비전 뉴스 시간에는 어느 지방에 비가 얼마나 내렸고, 무슨 사고로 몇 명이 죽거나 다쳤다는 이야기가 나왔다. 대통령이 어디에 가서 무엇을 했는지와 북괴가 판 땅굴이 발견됐다는 내용은 하루도 빠지지 않았다. 선생님은 그런 것을 쓰는 것이 시사일기라고 했다. "텔레비전 그만 보고 공부 좀 하라"고 하는 야단도 피해 갈 수 있는 숙제가 고맙기 그지없었다.
  깡촌에 살기 위해서는 어른이고 아이고 할 것 없이 힘이 좋아야 했다. 고사리 손으로 황소고삐를 잡고 들판에 나가 풀을 먹여야 하고, 추수 때는 콩 자루 나르는 흉내라도 내야 할 판이었다. 겁도 없어야 했다. 가을이면 4홉들이 소주병에 메뚜기를 가득 잡아와 반찬거리로 내놓기도 하고, 겨울이면 논바닥 귀퉁이 얼음을 깨 동면冬眠 중인 개구리를 잡아오기도 해야 했다. 한 동네 살던 영식이는 제 동생 영만이와 함께 뱀 잡는 실력이 뛰어났다. 살모사를 잡아 절구통에 모아두었다가 땅꾼이 오면 무쇠 솥뚜껑을 열어 흥정을 했다. 땅꾼들은 동전 몇 개씩 주며 실한 독사毒蛇를 모아갔다.

이도 저도 아니었던 나는 힘세고 용감한 동무들이 부러웠다. 풀을 뜯기기 위해 소를 몰고 나갔다가 고삐를 놓쳐 어른들을 달려오게 만들기도 하고, 개구리를 잡기는커녕 구워 놓은 것을 먹기도 힘들어했다. 어느 날 여름 담배 건조실 앞에서 낮잠을 자다 깼는데 큰 구렁이 한 마리가 건조실 아궁이 주위를 기어가고 있었다. 놀란 나는 울며불며 어른들이 일하는 산비탈 밭까지 맨발로 도망을 쳤다. 그다음부터는 그 근처도 가지 못했다. 공동우물에 뱀 한 마리가 들어 있는 것을 본 후로는 물 먹는 것이 너무나 힘들었다. 어른들은 집에 있는 뱀은 집을 지키는 뱀이고, 우물의 뱀은 우물을 지키는 뱀이라 괜찮다고 했지만 난 전혀 그렇지 않았다.

그래도 그 시절이 좋았다. 나일론으로 만든 검은 반바지와 하얀 면 티셔츠 하나로 여름을 났다. 학교에 가거나 물놀이를 할 때, 잠을 잘 때도 오직 그것이면 충분했다. 찬바람이 불기 시작하면 추리닝 한 벌로 바꿔 입었다. 머릿니가 몸에 기어 다니고, 코는 왜 그렇게 많이 흘렸는지 모를 일이다. 겨울이면 손은 거북이 등처럼 갈라져 피가 나기도 했다. 지천至賤으로 널려 있는 토마토, 수박, 참외는 먹고 싶을 때 따 먹으면 그만이었다. 집 뒷마당에 암수 두 그루의 큰 벚나무가 있었는데 꽃잎이 눈 오는 것처럼 떨어지고 나면 엄청나게 많은 버찌가 달렸다. 앵두 또한 다 따 먹을 수 없을 정도로 열렸고, 고개 너머 재원이네 집에는 살구와 복숭아나무가 많았다.

가을이 되면 밤 따는 것이 기다려졌다. 집 뒷산으로 통하는 길옆에 있는 큰 밤나무에는 겨우내 먹고도 남을 만큼 많은 밤이 열렸다. 나무에 올라 긴 막대로 털기도 하고, 밑에서 나무를 흔들어 따기도 했다. 동무들과 돌멩이를 던져 누가 많이 떨어뜨리나 내기를 하기도 했다. 어느 날 여름 동네 어른들이 그 나무에 몸집이 큰 개 한 마리를 묶어놓고 두들겨 잡는 것을 보기도 했다. 너무 무서웠지만 사실 금방 잊었다. 어느 집 개라는 것을 알 필요도 없었고, 잡은 사람들이 누구였는지도 중요하지 않았다. 예전처럼 그곳에서 놀기 위해서는 빨리 잊는 것이 좋을 것 같다는 생각만 들었다.

장난감은 만들어서 해결했다. 송판과 각목으로 기관총이나 권총 모양을 만들었다. 송판 위에 자를 대고 연필로 밑그림을 그린 후 톱질을 했다. 손잡이나 방아쇠 사이를 자를 때는 나뭇결이 어긋나 망가지기에 십상이었다. 각목을 구하거나 손목 굵기만 한 나무를 깎아 칼도 만들었다. 이순신 장군이 쓰던 것 같은 긴 칼을 만들기 위해서는 시간이 오래 걸렸다. 총과 칼을 들고 병정놀이를 하며 이 산에서 저 산으로, 윗마을에서 아랫마을로 치달렸다. 박카스 병 같은 약병이라도 하나 주우면 부엌으로 숨어들어 당원糖原을 훔쳐냈다. 당원 반쪽을 약병에 넣고 물을 채운 후 비닐을 구겨 넣어 주둥이를 막으면 휴대용 음료수가 되었다.

초등학교 때 찍은 유일한 사진 한 장이 아직 남아 있다. 읍내에 있는 귀래국민학교에서 6명의 동무들 그리고 담임이었던 최윤척 선생님(존함이 정확한지는 자신이 없다)과 찍은 것이다. 왜 남의 학교에 가서 단체 사진을 찍었는지 모르겠지만 사진에 보면 검정고무신을 신고 까만 반바지에 흰 티셔츠 차림이다. 타이츠를 입고 운동화를 신은 세련된 동무도 한둘 있기는 있었다. 어렵게 살았지만 그것이 어려운 것인지도 모르고, 욕심도 없고 마냥 좋았던 것이 그 시절이다.

텔레비전이 들어온 그해 가을 나는 죽음의 문턱까지 다녀오는 큰 사건을 겪었다. 그날도 어김없이 어느 동무 집 마당에서 나무칼을 들고 놀고 있었다. 이리 뛰고 저리 뛰고 하다가 숫돌에 낫을 갈고 있던 그 집 큰형의 옆을 스쳤다. 넘어졌다 일어나려고 하는데 뭔가 이상했다. 왼쪽 다리 무릎 위가 반쯤 잘려져 있었다. 베이는 그 순간에는 바로 피가 나지 않는다는 것을 그때 알았다. 어린 눈에 살점 깊숙이 뼈까지 드러난 모습을 본 것이다. 주로 벼나 풀을 벨 때 쓰는 왜(倭)낫의 날이 얼마나 잘 섰던지 어리고 여린 다리를 가로로 반쯤 자른 것이다. 그 형은 낫을 갈다가 날이 제대로 잡혔나 보기 위해 숫돌에서 낫을 떼었고, 철없는 나는 아무것도 모른 채 그 옆으로 달렸던 것이다.

겁에 질린 비명이 터져 나왔다. "아악~, 내 다리 잘렸어!" 베이고 몇 초나 지났을까. 피가 솟구쳤다. 고무호스에서 물이 뿜어져 나오는 것 같았다. 울부짖는 소리에 놀라 어른 몇 명과 같이 놀던 아이들이 모여들었다. 쓰러져 있는 봉당은 피로 흥건해졌고, 피범벅이 된 다리는 상처의 깊이를 감춰버렸다. 담배 조리를 하던 노인들은 응급처치라며 마른 담뱃잎을 가져와 상처 위에 대고 이불 홑청을 찢어 다리에 감았다. 시골 노인네들 입장에서는 다리가 반은 잘린 것 같다고 말해도 그런 원시적인 응급처치밖에 할 수 없었다. 피는 이불 홑청을 뚫고 나와 마당으로 골을 만들며 흘렀다.

동네 청년 한 명이 우리 부모님을 모셔와야겠다며 뛰어갔다. 아랫마을 논에서 일하고 있을 어머니, 아버지를 언제 데리고 온다는 말인가. 놀라고 아파 정신까지 혼미해지며 목이 말랐다. 얼마나 지났을까. 맨발로 어머니와 아버지가 달려왔다. 웅성웅성하던 사람들은 그제야 동네 청년에게 시내 병원으로 가야 할 것 같다며 개울 건너 약방에 가서 택시회사로 전화를 하라고 시켰다. 택시가 도착한 것은 다리가 잘리고 두 시간도 지난 후였다. "우리 아들 죽는다"며 어머니는 통곡을 했다. 이 길 저 길 할 것 없이 모두 비포장이기는 마찬가지였지만 어머니는 조금이라도 가까운 쪽으로 택시를 몰게 했다. 의식이 몽롱해진 상태에서도 택시 안이 온통 피투성이라며 투덜대는 운전사의 목소리가 흐릿하게 들렸다.

충주 제중병원에 도착한 것은 저녁이 다 돼서다. 얼마나 지난 것일까. 정신을 잃었던 나는 택시에서 간이침대로 옮겨지면서 잠깐 눈을 떴다. 간호사는 추리닝 바지를 가위로 잘라내고, 아기들이 쓰는 노란 기저귀 줄로 다리를 묶어 지혈을 했다. 의사는 상처가 깊어서 다른 병원으로 가야 한다고 했다.

다른 병원으로 가는 길에 나는 또 정신을 잃었다. 정신이 오락가락하면서 어머니 손을 잡고 물었다. "엄마 나 죽는 거야?" 수술 전 의사는 다리를 잘라내야 할지도 모른다는 말을 했다고 한다. 아마 깨어나지 못할 수 있다는 말도 했을 것이다. 눈을 떴다. 살았다. 입술이 타들어 가고 있었다.

물을 찾았으나 수술 후에는 바로 먹을 수 없다고 했다. 울면서 사정을 하자 어머니는 입술에 침을 발라 주었다. 지금의 의

술로도 어려울 것 같은 수술이 성공했다. 텔레비전에서나 본 침대에 누워 두 달을 보냈다. 간호사 누나들은 친절했고, 귀한 바나나도 맛봤다. 누군가가 심심할 것 같다며 하모니카를 사다 주어 오래 가지고 놀았다. 퇴원을 앞두고 깁스를 풀었다. 의사와 간호사는 붕대로 두 팔과 성한 다리를 침대에 묶었다. 의사는 톱으로 깁스를 자른 후 깁스했던 다리를 우악스럽게 한 번에 오므렸다. 얼마나 고통이 심했던지 알고 있는 모든 욕을 의사에게 퍼부어댔다. 의사는 오랫동안 쓰지 않았기 때문에 그렇게 하지 않으면 영원히 다리를 펼 수 없다고 했다.

퇴원 후 겨울을 나고 원주로 전학을 했다. 죽을 때까지 농사나 지으며 살아야 하는 것이 원망스럽다고 말하던 부모님은 일단 원주에 집을 마련해 나와 누나, 할머니를 우선 내보냈다. 원주에 있는 교동초등학교로 전학하던 날, 교무실에서 어느 선생님이 "공부는 얼마나 하느냐"고 물었다. 아무 말 못 하고 뒷머리만 긁적거리고 있는데 산수 문제를 몇 개 풀어보라고 했다. 두 자릿수 나눗셈이었는데 다 풀지 못했다. 기가 죽었다.

시내에서의 학교생활은 좋지 못했다. 할머니가 싸주는 도시락에는 달걀 부침개도 어묵볶음도 없었다. 검은콩을 조린 것이 그나마 나은 반찬이었다. 친구도 없는데 도시락까지 맘에 들지 않았다. 시골에서는 벌겋게 김칫국물 번진 도시락을 꺼낼 때도 창피하다는 생각을 해본 적이 없었다. 공부를 따라 하기는 더 어려웠다. 그럴수록 시골에서 놀던 때가 그리워졌다. 지금쯤 시골 아이들은 뭘 하고 있을지 궁금했다. 족대를 들고 물고기를 잡으러 갔을까, 수박 서리를 하러 갔을까, 뒷동산에 만들어놓은 우리들만의 아지트는 그대로 있을까. 작년 겨울에는 꿩도 한 마리 잡았었는데…. 주말이면 완행버스를 타고 시골에 갔다.

2년 뒤 농촌 살림을 완전히 정리한 부모님도 원주로 이사했다. 명륜동에 새로 지어진 건물의 상가 한 칸을 얻어 구멍가게를 열었다. '대성상회'라는 간판이 걸렸다. 최규하崔圭夏 대통령 덕분에 소년체전이 열린다며 동네 사람들의 씀씀이가 커져 장사도 잘됐다. 나는 가게 일 보는 것을 잘했던 것 같다. 짐 싣는 자전거를 타고 중앙동에 있는 큰 슈퍼마켓에 가서 물건을 떼 오기도 하고, 상품 진열도 요령껏 했다. 쭈쭈바나 하드 한 개, 과자 한 봉지도 그냥 집어먹는 법이 없었다. 미련하고 아이답지 못한 짓이었다. 왜 그랬는지 모르겠지만 파는 것이니까 먹으면 안 된다고 생각했을 뿐이다. 그러면서 나중에 돈 벌면 실컷 사 먹어야지 하고 다짐했다.

■■

운동회를 앞두고 매스게임 연습을 할 때도 여학생들과 손잡는 것이 부끄러웠다. 예전 아이들은 그랬다. 손가락 대신 나뭇가지 양쪽을 서로 잡았다. 마을잔치나 다름없는 운동회에선 고무도장 찍힌 공책 두세 권이 돌아왔다. 몇 해 전 지나다 들른 용암초등학교는 1998년 폐교된 후 교회 연수원으로 쓰이고 있었다. 달려도 끝이 없을 것 같던 운동장은 그야말로 손바닥만 했다. 전학하기 전 10살까지 다닌 이 조그만 학교에는 금방이라도 튀어나올 것 같은 추억이 아직도 곳곳에 박혀 있었다. 어려서 나는 곱상한 생김새에 얼굴도 하얀 편이었는데 다리를 잘려 두어 달 입원한 후에는 더 예쁘장하게 변했다.

  가고 없는 날들을 잡으려 잡으려
  빈 손짓에 슬퍼지면
  차라리 보내야지 돌아서야지
  그렇게 세월은 가는 거야
  ………

시골에서는 도회지 아이 같다는 말을 듣고, 시내로 나와서는 여전히 촌놈이라는 말을 들었다. 중학교 2학년 때 산울림의 노래 〈청춘〉이 나왔다.

초등학생 때 부모님이 하던 구멍가게 옆에는 자전거포, 다방,

중국집, 만화방 등이 있었다. 생업에는 아무런 관심이 없는 아버지는 다방 아가씨들과 어울리거나 화투판을 기웃거리며 어머니 속을 썩였다. 중국집에서 동네 한량들과 낮술을 드시던 아버지가 부른다기에 달려갔더니 안주 삼아 먹던 짜장면을 밀어줬다. 면 부스러기와 양파 쪼가리만 남아 있어 선뜻 손이 가지 않았다. 한 잔 들이켠 자전거포 아저씨가 "새로 한 그릇 시켜주라"고 했지만 아버지는 들었는지 못 들었는지 알 수 없었다. 라면 이후 최고로 황홀한 냄새는 구차한 추억과 함께 남아 있다. 짜장면 먹을 때마다 이 씁쓸한 기억이 지금까지도 나를 괴롭힌다. 아버지는 그런 사람이었다. 2010년 4월 18일, 폐암으로 세상을 떠난 아버지는 이 여자 저 여자 태우고 다닌 낡은 갤로퍼 한 대를 남겼다. 왜 그렇게 살았는지는 묻지 못했다. 소태면 오양리 봉은사奉恩寺에 수목장樹木葬으로 모셨다.

4. 내공

출근하면서 이 선생 차에 붙어 있는 내비게이션을 떼어왔다. 회사 차를 이용해 동대문구 쪽에 위치한 학교로 취재取材를 나가야 하는데 길을 모르기 때문에 달고 갈 생각이었다. 데스크를 맡은 후로는 현장에 나갈 일이 자주 있지 않았지만 가끔 갈 때는 회사 차를 이용하기도 한다. 초등교장회 회장을 하다가 교장 중임을 마치고, 원로교사로 근무하는 사람과의 인터뷰 약속이 되어 있었다. 찾아갈 학교를 입력하자 내비게이션은 강변북로를 거쳐 동부간선도로를 이용하라고 한다. 시키는 대로 하니 오래 걸리지 않았다.

평소 안면 있는 사람이라 인터뷰는 쉽게 진행됐다. 근황부터 묻고 그동안의 활동과 앞으로의 계획까지 한 시간 만에 인터뷰를 끝냈다. 설렁탕으로 점심을 함께하며 부족한 몇 가지는 추가로 물었다. 돌아가서 200자 원고지 10매 분량의 기사를 작성하면 된다. 넉넉하게 잡아도 한두 시간이면 될 일이다. 내비게이션은 돌아오는 길까지 친절한 안내를 멈추지 않는다. 어떻게 이런 편리한 물건이 만들어졌는지 신기할 따름이다. 재작년까지만 해도 큼직한 지도책을 펼쳐 길을 찾았었는데 그 시절이 아주 먼 옛날처럼 느껴진다. 회사에 차를 넘긴 후 커피를 한잔 마신다. 내 입맛이 표준인지 '맥심'은 크게 나무랄 데가 없다. 이제 두 손으로 자음과 모음을 두드리면 기사가 만들어질 것이다. 제목을 어떻게 할지는 생각해 둔 상태다.

큰 제목은 '무자격자도 교장 시킨다며/ 8년간 잘한 사람은 강등降等하나'로 하면 될 것이다. 교육계는 지금 교장공모제를 둘러싼 논쟁으로 난리다. 공모제에는 무자격자의 교장 진출을 가능하도록 하고 있다. 그러니 무자격자도 교장 할 수 있는 마당에 중임하면서 8년간 탈 없이 교장직校長職을 수행한 사람을 교사로 발령하는 것에 대한 문제점을 제대로 나타낸 제목이라고 할 수 있다. 거기다 '교장 중임 마치고 교단에 선 김○○ 교사 인터뷰'라는 부제가 붙으면 웬만한 사람은 무슨 이야기를 하려는지 금방 알아볼 것이다.

중간에 '아이들과 함께해 행복하지만/ 잘못된 정책은 바로잡을 생각'이라는 소제목을 더 넣으면 교장을 했어도 교사라는 현재 직분에 만족하고, 수업하는 것이 아주 즐겁다는 것을 말해주게 된다. 또한 잘못된 정책은 바로잡을 생각이라며 정책이라는 말을 슬쩍 비쳤으니 그가 개인적 욕심보다 전직 교장으로서 느끼는 책임감의 일단端도 알아차릴 수 있다. 기사가 나타내고자 하는 것은 다 표현하면서 면담자interviewee의 체면도 살리는 꼴이다. 제목은 그렇고 본문은 수업상황으로 시작해야 할 것이다. 그가 미술 교과 전담으로 붓글씨를 지도하고 있으니 그 모습을 짧게 묘사하면 된다. 수업에 대한 이야기는 중요하지 않은 만큼 되도록 한 문장으로 끝내는 것이 좋다.

"이번 시간에는 '우리나라'를 붓으로 써볼 겁니다. 자, 선생님이 먼저 쓸 테니 보고 따라 하세요."

이 정도면 됐다. 계속하면 된다.

20일 서울 △△초등학교 미술실. 붓글씨 시범을 보이는 김 교사의 표정이 진지하다. 시범을 보인 김 교사는 먹물 묻은 큰 손으로 아이들 하나하나의 손을 잡아 내려긋기와 가로긋기를 도왔다. 수업을 마친 김 교사의 얼굴에는 땀이 송골송골 맺혔다. 아이들 재잘거리는 소리가 멀리서 들리는 교정 벤치에 자리를 같이했다.

여기까지 썼는데 시범이라는 단어가 두 번 들어 있는 것이 마음에 걸렸다. 그러나 마땅한 대체어가 없다. 두 문장이 지났으니 교장을 하던 사람이 교사를 하게 된 이유를 이쯤에서 밝혀 줘야 한다. 멘트로 표시한다.

"얼마만의 수업입니까?"
"정확하게 16년 6개월 만입니다. 1991년 3월 장학사로 발령받고, 그때부터 전문직·관리직을 했으니까요. 전문직 3년 6개월, 교감 5년, 교장 8년을 했습니다."

제목부터 읽은 사람들은 알 것이다. 교장을 오래 했는데 연임 제한 규정 때문에 더 이상 교장을 못 하고 평교사를 하는구나. 의문이 드는 사람도 있을 것이다. 그런 사람이 한 사람만 있는 것도 아닐 것 같은데 왜 하필 이 사람을 인터뷰한 것일까. 다음 문장을 통해서 확실하게 알려 주면 된다.

서울초등교장회장, 한국초등교육협의회장, 한국국·공·사립 초·중·고교장협의회장 등 '교장의 교장'을 거친 김 교사에게 아직은 교장이라는 호칭이 더 어울리는 듯했다. 지난 8월 말 □□초등학교 교장 임기를 끝내고 그는 원로교사를 하고 있다.

이쯤 되면 독자들은 왜 그를 인터뷰했는지 알 수 있다. 초등교장회니 초등교육협의회니 하는 단체에 대한 설명은 굳이 하지 않아도 되겠다. 리드는 끝났다. 이제부터는 일문일답一問一答으로 치고 나가야 한다. 짧고 핵심적인 질문으로 알찬 답을 끌어내면 된다. 한상진韓相震 교수가 《마르크스의 유령들》 저자 데리다Jacques Derrida를 만나 인터뷰한 것을 흉내 내면 더없이 좋을 것이다. 10년도 훨씬 지나긴 했지만 아직 인상 깊게 남아 있다. 한 교수가 단도직입적으로 묻고, 데리다가 답한다.

"이번에 마르크스의 유령들을 펴낸 이유는 무엇입니까. 왜 책 제목에 유령이 들어 있나요?"

"소련의 붕괴 이후 마르크스의 죽음과 소멸을 말하는 사람이 많습니다. 그러나 나는 마르크스의 유령이 회귀하고 있다고 봅니다. 그의 저술은 살아 있다는 것이지요. 보다 적극적으로 나는 '공산당 선언'에서 유럽을 강박하고 있다고 묘사된 그 유령이 어떻게 움직이는가를 보려고 했습니다."

데리다는 자신의 책이 후쿠야마Francis Fukuyama의 《역사의 종언》과 같은 테제에 대한 비판으로 쓰였다는 점을 분명히 하고 있다. 후쿠야마는 '공산주의의 사망'과 '자유민주주의의 완벽한 승리'를 예언했지만 마르크스의 유령은(공산주의 유령이지만) 상품 물신주의로, 이데올로기로, 혁명적 운동으로, 때로는 판타지로 살아 움직인다는 주장이다. 자본주의의 순기능이 보편적으로 회자되는 가운데 실업, 빈부 격차, 경제 전쟁 혹은 억압과 착취, 차별이 사라지지 않는 한 마르크스 정신을 계승하려는 운동은 마치 마르크스가 유령이 되어 출몰하는 것처럼 끊이지 않는다는 것이다. 인터뷰는 자유민주주의가 최종 승리자는 아니며 '종언'에 대한 선언은 유보돼야 한다는 점을 독자들이 인식해 달라고 요구하고 있다. 나는 우리 삶의 주위를 맴도는 유령들의 실체에 대해 천착穿鑿할 태도를 갖고 있지 않다. 다만 후쿠야마의 확신에 데리다의 해석이 균열을 주었다는 사실 자체를 인정하는 것으로 만족한다. 그들의 논쟁이 기록된 그 기록이 인터뷰를 통해 나타나면 된다. 사실 기승전결이 확실한 인터뷰 기사에서 모든 것을 담아 낼 수는 없다. 기사가 원래 그렇다. 한 교수를 따라한다.

"흔히 대*교장이라고 하는데 아이들 앞에선 소감이 어떻습니까?"

"행복합니다. 교장 할 때도 수영지도, 훈화지도를 하면서 아이들과 함께 호흡을 하기는 했는데 요즘은 새내기 교사가 된 기분입니다. 미술 전담으로 일주일에 12시간씩 수업을 합니다."

12시간 수업을 한다는 부분이 껄끄럽다. 그가 말한 것을 쓴 것이지만 수업시수가 너무 적다. 그는 현재 학교 측이 예우 차원에서 미술 중에서도 붓글씨 단원만 지도하도록 해 일주일에 12시간 수업을 하고 있다. 맞기는 맞지만 시빗거리가 될 수 있다. 주당 평균 25시간 수업하는 일반 교사들은 물론이고 중임을 마친 후 원로교사로 있는 다른 사람들의 불평이 있을 수 있다. 일부에서 특별대우 운운하며 이의를 제기할 수도 있을 것이다. 시간까지는 쓸 필요가 없다.

> "행복합니다. 교장 할 때도 수영지도, 훈화지도를 하면서 아이들과 함께 호흡하는 시간을 갖기도 했는데 요즘은 새내기 교사가 된 기분입니다. 미술 전담을 하고 있습니다."

이렇게 하면 문제가 없을 것이다. 또 나간다.

"교사로 돌아오는 것이 쉬운 결정은 아니었지요?"
"2005년부터 올 3월까지 초등교장회 회장을 했고, 5월 말까지는 초·중·고교장회 회장을 했습니다. 중량감 때문인지 운신의 폭이 크지 않았어요. 본청이나 지역청 국·과장하기도, 그 이상의 자리를 달라고 하기도 어려웠습니다. 교장회 회장을 하며 교육청이나 교육부와 많이 맞섰기 때문에 인사권자와 코드가 안 맞는 것은 세상이 다 아는 것 아닙니까. 마지막으로 아이들에게 봉사하기로 한 것이지요."

본청이나 지역청 국·과장하기도, 그 이상의 자리를 달라고 하기도 어려웠다는 대목은 설명이 필요하기는 하다. 국·과장 자리를 낮게 보는 것 같기도 하고, 그 자리는 준다고 했는데 체면상 안 가겠다고 한 것처럼 보이기도 하기 때문이다. 잠깐 고민스럽다. 본인 말대로 전달해야 할지 아니면 사족蛇足을 달아 설명해야 할지를 판단해야 한다. 독자들에게 맡긴다.

"그러고 보면 교장임기제가 보통 문제는 아니죠?"
"교장 8년을 열심히 했는데 2계급 강등을 시키는 것은 잘못돼도 한참 잘못된 것입니다. 물론 평생 교직에 계시면서 교장을 못 하고 정년하시는 분들도 많습니다. 그렇기 때문에 이기주의라는 오해의 소지도 있고 해서 말씀드리기가 쉽지는 않은데 잘못된 것은 분명히 바로잡아야 합니다. 교원에게 직급, 직위, 보직의 개념이 약한 것은 사실이지만 어느 직군에서 상을 주지 못할망정 강등을 시킵니까. 임용권자는 보직을 주지 않을 수는 있지만 직급을 내릴 수는 없습니다. 더구나 요즘은 자격 없는 사람까지도 교장 시키겠다는 세상 아닙니까."

그의 핵심 주장이 드러났다. 그를 인터뷰한 의도가 밝혀지는 셈이다. 바로 이 대목에 접근하기 위해 여기까지 온 것이다. 교육계 있는 사람들은 웬만큼 알 만한 문답으로 한 번 더 강한 메시지를 줘야 한다.

"대부분 중임을 계산해 미리 초빙교장이나 전문직으로 옮기는 것이 현실인데…."

"그것도 큰 문제입니다. 그러기 위해서는 인사권자에게 잘 보여야 하는데 이것은 책임 있는 학교경영을 도와주는 것이 아니고, 로비만 하라고 하는 것과 같습니다. 서울 초등에서만 앞으로 60명 정도가 중임을 마치고도 정년이 남게 됩니다. 교장 8년의 노하우를 가진 사람에게 평가, 장학, 연구 등 더 잘할 수 있는 것을 하도록 제도를 정비해야지요."

잠시 숨을 고르며 그의 공적을 되짚어 준다.

"교장회 회장을 하면서 특히 기억에 남는 일은 무엇입니까?"
"초등과 중등의 경상운영비 배분율 차이에 대한 이의를 제기해 어느 정도 시정을 이뤄낸 것이 우선 생각납니다. 교육자치법 개악 반대 궐기대회와 천막농성도 여러 차례 했지요. 교장에게 책임을 전가하는 학교급식법이나 교장공모제의 문제점에 대해서도 반대 입장을 분명히 하고, 관계되는 분들과 힘을 모아 활동했습니다. 시의원과 다툼이 발생하자 교장을 비정기 전보시킨 일에 대해서도 목소리를 냈습니다. 어린이신문 단체구독을 학교자율에 맡기게끔 한 것도 성과라고 할 수 있습니다."

하고 싶은 말은 다 했다. 교장중임제와 교장공모제의 문제점을 그의 입을 빌려 강조한 것이다. 유령의 실체에 접근한 한 교수의 마지막 질문을 상기한다.

"마르크스 유령들 다음에 나올 책은 어떤 것입니까?"
"발터 벤야민Walter Benjamin을 포함하여 일군의 독일 유대계 사상가들이 서로 다른 입장에도 불구하고 금세기 초 어떻게 독특한 정치적 지형을 형성하게 되었는가를 다루는 책이 될 것입니다."

끝맺음은 이렇듯 간결해야 한다. 모방模倣의 반복은 창의력을 강화할 것이다.

"정년까지는 3년 정도 남았는데 특별한 계획이 있습니까?"
"아이들 붓글씨 지도에 정성을 다할 것입니다. 미술실을 개방해 원하는 아이들에게는 특별지도를 해주려고 합니다. 아이들과의 소중한 시간이 헛되지 않도록 최선을 다하겠습니다. 그 밖에 우리 교육을 위해 할 일이 있는지는 시간을 갖고 생각해 보겠습니다."

그렇다. 현재의 위치에서 보람을 찾고, 아이들을 위해 더 애쓰겠다는 말은 교육자로서 최고의 덕목 아닌가. 읽는 이들은 이 선생님의 모습에서 동료의식과 교육자의 사명을 되짚어보게 될 것이다. 우리 교육을 위해 할 일이 있는지는 시간을 갖고 생각하겠다고 한 그의 마지막 말에 숨어 있는 의미까지 파악한다면 내가 쓴 기사를 완전히 이해한 것으로 봐야 한다. 아이들과 함께 찍은 밝은 표정의 사진도 한 장 실리게 될 것이다. 한 시간 가까이 걸린 작업으로 인터뷰 기사 작성을 마쳤다. 매일같이 하는 일이지만 역시 쉬운 일은 아니다. 써놓고 보면 고치고 싶고, 고치고 나면 심드렁하기 짝이 없다. 고치기 시작하면 또 고쳐야 할 것이 보인다. 그러면 끝이 없다. 무엇을 쓸 것인지를 정하고, 관련된 것들을 취재하고, 사람을 만나고, 자료를 찾고, 머릿속으로 정리한 뒤 자판을 두드린다. 막힘이 없을 때도 있지만 한 번 꼬이기 시작하면 풀기가 쉽지 않다. 인터뷰 기사는 좀 나은 편이다. 분석이나 해설 기사는 온갖 데이터에 관련 자료를 살펴야 하니 머리가 지끈지끈 아프기도 하다.

안대회安大會 교수의 《조선의 프로페셔널》은 조선시대에 자신이 하는 일에 빠져 마침내 일가一家를 이룬 10인의 진정한 프로를 찾아 그들의 삶을 조명한 책이다. 담긴 인물로는 최고의 춤꾼으로 군림한 기생 운심, 양반 여행가 정란, 천민 천재 시인 이단전, 현악기의 명인 김성기 등이 있다. 안 교수는 이들을 벽癖과 치痴라는 개념으로 말한다. 벽과 치에는 모두 병들어 기댈 녁疒자가 들어 있다. 방랑벽放浪癖이나 백치白痴처럼 병적인 사람들이고, 요즘 말로는 마니아나 프로페셔널이다. 프로는 열심히 하는 것을 넘어 잘하는 사람이다. 프로가 되기 위해서는 미쳐야 하는데 나는 너무 멀쩡해 면구스럽다.

내가 업業으로 만들고 있는 〈한국교육신문〉은 한국교총 기관지로 교원들이 주 독자讀者다. 1961년 〈새한신문〉이라는 이름으로 발행되기 시작해 1988년 현재의 제호로 바뀌었다. 유·초·중·고를 비롯해 대학 교원에 이르기까지 교육계에 종사하는 사람들이 보고 있다. 사세社勢 좋을 때는 매주 30여만 부까지 발행했으나 최근에는 20여만 부로 줄었다. 줄었다고 해도 엄청난 부수다. 전체 교원의 절반가량이 보는 만큼 교육계에 미치는 영향력이 작다고 할 수 없다. 기사 한 줄, 사진 한 장, 제목 하나 소홀히 할 수 없는 것이다. 게다가 거의 모든 독자가 대졸 이상의 고학력자이니 늘 전문성을 갖춰야 한다는 과제를 안고 있다.

■■

10여 년 전의 방화放火가 큰불이 되었다. 2006년 노무현 정부 교육혁신위원회가 뿌린 '무자격 교장공모제' 씨앗은 자율학교에 한 해 15%만 제한적으로 적용하는 것이었다. 그러던 것을 문재인 정부가 100%로 확대하겠다고 나섰다. 교총은 '나쁜 정책'으로 규정하고 머리띠를 둘렀다. 교직은 전문직으로 교사가 교감·교장이 되기 위해서는 공개전형임용시험을 통해 교사가 된 후 최소 25년의 오랜 근무와 지속적인 연구, 연수 등 필요한 검증절차를 거쳐야 하는데 이러한 과정이 바로 공정성과 전문성을 지키는 근본이라는 것이다. 반면 무자격 교장공모제의 요건은 달랑 '15년 경력'이다. 더 필요한 것이 있다면 인사권자인 교육감과의 '관계'다. 지난해 국정감사에서 서울·광주·전남지역은 이 제도로 교장 된 사람이 전부 특정 교원노조 출신이라는 사실이 밝혀졌다. 무자격 교장공모제는 결국 50% 확대로 절충됐지만 민주화의 화마火魔는 크게 번질 기세다.

리더가 갖춰야 할 덕목은 여러 가지 있겠으나 나는 피아彼我 구분이 제일 중요하다고 믿는다. 선출직에 도전하는 이들이 도와달라고 하면 "당신을 대신해서 당신처럼 일할 사람이 하나라도 있는가"를 묻는다. 그럴 사람이 있으면 뜻을 세우고, 그 사람에게 많은 부분을 맡기라고 말한다. 정작 큰일 하겠다는 사람 옆에 사람 없는 것을 자주 본다. 운 좋게 직을 맡아도 피아 구분이 안 되는 사람은 리더로서 성공하지 못한다. 피아 구분이란 반대편 솎아내라는 뜻이 아니다. 나와 내 조직의 발전에 도움이 되는 사람을 중시하고, 그 사람과 힘을 합쳐 전체 구성원의 능력과 자질을 파악해 적재적소에 배치하는 역량을 보이라는 것이다. 내 편이 아닌 사람은 어떻게 감싸고, 어떤 기회를 줄 것인지도 함께 고민해야 한다. 27년 직장생활에서 여러 상사를 만났다. 피아 구분이 전혀 안 되는 인사권자로 인해 조직이 피폐疲弊해지는 과정을 생생히 지켜봤다.

5. 생활

"아이참, 저녁 반찬거리를 샀으면 남는 거라도 있지. 다시는 사나 봐라." 이 선생이 좋은 꿈을 꾸었다며 처음으로 산 로또 lotto가 꽝이 되자 못내 아쉬운 모양이다. "어쩜 5,000원짜리도 안 맞는지 몰라." 제247회 로또 당첨번호는 12, 15, 28, 36, 39, 40이다. "5,000원짜리 맞으면 뭐해. 맞으려면 제대로 맞아야지. 설령 2등이 됐어도 기분은 엄청 안 좋을걸." 인생역전 人生逆轉을 바라는 것은 아니지만 그래도 가끔 내게 1등의 행운이 올 수 있지 않을까 하는 상상을 하기도 한다. 술 마시고 퇴근하는 길에 로또 파는 곳을 만나면 갈등이 인다.

로또 1등에 당첨되면 뭘 할까. 유치하지만 생각만으로도 잠깐은 즐겁다. 우선 그날 저녁은 고급 일식집으로 식구들을 불러내 식사를 하고, 낡은 차를 바꾼다. 오래된 한옥韓屋에서 불편하게 사는 부모님께 새집을 하나 마련해 준다. 처가에도 일정 부분 드리고, 아이들 이름의 통장에 똑같은 액수를 넣어준다. 집 구입하며 빌린 은행 융자도 한꺼번에 갚아버려 이자 내는 고통에서도 벗어난다. 백화점 옷 입어본 지 오래됐다는 이 선생에게 마음껏 쇼핑할 기회도 준다. 술친구들에게 호기豪氣도 부릴 것이다.

　2등은 필요 없다. 오로지 1등에 당첨돼야만 가능한 일이다. 요즘 로또 1등 당첨금이 보통 20억 원 내외다. 숫자 하나 어긋나 2등에 당첨돼 5,000만 원 정도 받게 되면 당첨이 안 된 것만도 못 할 것이다. 그 아쉬움과 미련에 오히려 병만 얻게 될지도 모른다. 실제 멀쩡하던 사람이 로또 2등에 맞은 후 거지반居之半 폐인이 되었다는 말을 듣기도 했다. 살면서 다른 것은 1등을 바라본 적이 없는데 유독 로또만은 되려면 1등이고, 아니면 차라리 안 돼야 한다는 생각을 한다. 그러고 보니 나는 뭘 하면서 꼭 1등을 해야겠다는 욕심을 가져본 적이 별로 없다. 공부로 1등 하는 것은 물론이고, 초등학교 때 달리기를 하면서도 1등으로 들어와야 한다는 생각을 해보지 않았다.

　재주가 없어 어떤 분야에서건 1등을 해보지 못했기에 1등만이 느끼는 그들만의 감정을 알지 못한다. 느껴보지는 못했지만 1등이 꼭 행복하기만 한 것은 아닐 것이다. 더 나아갈 곳이 없을 때의 난감함, 쫓아오는 것을 보며 느끼는 초조함, 현상 유지에 대한 긴장감, 놓치면 안 된다는 강박감, 내려갈 때의 허망함 등은 1등이 아니면 느낄 필요가 없다. 신병훈련소에서 얼차려의 하나로 선착순을 많이 시킨다. 훈련 중 교관이 "저 앞에 보이는 골대를 돌아온다. 선착순으로 20명 끊는다"고 하면 대부분 20명에 들기 위해 사력을 다한다. 하지만 나는 중간쯤 달린다. 어차피 그 안에 든다고 해도 앉아서 편히 쉴 수는 없다. 20명은 다른 훈련을 받고, 나머지 훈련병들은 또다시 선착순을 돌게 마련이다.

시간은 누구에게나 공평하게 흐른다. 선착순 달리기를 하건 다른 훈련을 받건 모두가 다음 훈련을 하고, 시간이 지나야 끝난다. 1등 한 번 못 해본 핑계이지만 내 삶의 주관主觀이 됐다. 수학시험에서 문제 하나를 틀렸다며 은이의 목소리에 울음이 섞여 있어도 "참 잘한 거야. 한두 문제 정도는 틀려야지 앞으로 더 잘하겠다는 생각도 할 거 아니니?" 하며 달랜다. 1등을 못 했기 때문에 부끄러울 것도 없고, 1등을 해야겠다는 욕심도 없다. 변변한 상장賞狀 하나 없이 살았지만 마음은 꼴찌가 아니다. 로또 1등 맞는 꿈을 꾸기도 하지만 나는 벌써 당첨돼 있는 것인지도 모를 일이다.

대학 졸업을 앞둔 나는 1991년 1월 초에 상경上京했다. 부모님은 서울 가서 살아보겠다는 아들에게 77만 원을 마련해 주었다. 취직을 하기 위해 홍대 앞에 사는 장 선배 자취방에 빌붙어 보름 가까이 지냈다. 선배가 출근하고 나면 이력서履歷書를 쓰고 면접을 보러 다녔다. 선배가 퇴근하면 밥과 술을 얻어먹으며 살았다. 상경한 지 열흘 정도 지나 취직을 했다. 〈교육신보敎育新報〉라고 하는 주간지 교육신문을 만드는 작은 회사다. 취직을 했으니 선배 집에서 나와야 했다. 원주에서 가져온 돈으로 선배집 근처에 방을 구했다. 보증금 50만 원에 월세 6만 원. 보증금과 선 월세를 내고, 12만 원 하는 양복 한 벌을 샀다. 주머니에는 2만 원이 남았다.

 월급 받을 때까지 그것으로 버텨야 했다. 마포에 있는 회사까지 버스를 타고 간 후 사무실 근처 구멍가게에서 100원짜리 꼬마김밥 두 개와 요구르트 하나로 아침 식사를 해결했다. 점심은 회사가 지정한 식당에서 먹었다. 저녁은 선배들이 마련해주는 술자리가 계속되면서 걱정하지 않을 수 있었다. 출근하지 않는 날은 라면이 주식이나 다름없었다. 그렇게 얼마를 지낸 후 첫 월급으로 28만 원을 받았다. 부모님께 드릴 조그만 선물도 사고, 최소한의 생활필수품도 갖췄다. 장 선배에게 소주도 한잔 대접했다. 대학 학보사 후배라는 이유 하나로 싫은 내색 없이 살게 해준 선배가 고맙기 그지없었다.

 두 번째 달부터는 7만 원씩 적금을 넣었다. 월급도 조금씩 오르고 하니 살아갈 만했다. 얼른 돈을 모아 전세로 옮겨야겠다는 생각이 들었다. 그러나 첫 직장은 오래가지 못했다. 1년 정도 다녔는데 회사 사정이 갈수록 어려워졌다. 해직기자 출신의 사장社長은 기개氣槪는 뛰어났으나 경영능력은 그에 미치지 못했다. 월급이 두세 달 밀리기도 했다. 결국 1992년 2월 초 자의 반 타의 반으로 그만둘 수밖에 없었다. 영화와 관련된 잡지사에 다시 취직을 했는데 온통 반라半裸의 무명 여배우 사진으로 도배하는 잡지라 일주일도 버티지 못했다.

마냥 놀 수 없어 선배들을 찾아다니며 일자리 탐색을 하다가 우연히 그해 3월 24일 실시된 제14대 국회의원 선거 출마자의 사무실에서 홍보 일을 거들게 됐다. 정치 구경을 잠깐 했는데 다행히 그 사람이 국회에 진출한 덕에 일한 것보다 훨씬 많은 보너스를 받았다. 선거사무소 일을 마칠 무렵 신문광고에서 한국교육신문사 신입사원 공모를 보고 응시했다. 전보電報로 합격 통지를 받은 후 4월 10일 첫 출근을 했다. 1992년이다.

실직과 아르바이트, 새 직장 입사 등을 거치면서도 매월 붓던 적금을 깨진 않았다. 새 직장은 형편이 좀 나았고, 궁핍한 생활도 면하게 해주었다. 홍대 앞에서 서초구 원지동의 보증금 200만 원에 월세 10만 원 하는 방으로 이사했다. 그토록 갖기를 소원하던 '니콘 fm2'도 할부로 구입했다. 적금도 점차 늘려 1995년 초에는 원지동에서 가까운 신원동의 전세 2,000만 원짜리 원룸으로 옮겼다. 상경 4년 만의 일이다. 알뜰하게 산 결과였다. 실내에 화장실 딸린 방으로 이사를 하니 세상 부러울 것이 없었다. 월세로 살면서 집주인과 부딪힌 여러 일이 추억으로 돌아왔다. 신원동으로 이사한 그해 겨울에 이 선생을 만나며 연애를 시작해 1997년 10월 12일 결혼했다. 신혼살림은 원래 살던 원룸에 차렸다. 새로 들여야 할 세간도 없었다. 서랍장 하나와 그릇 몇 개 사는 것으로 충분했다. 둘이 벌며 한 사람 버는 몫은 저축을 했는데 쪼들린다는 생각이 크지는 않았다. 결혼 1년 뒤 여름에 은이가 태어나고, 그해 11월 용인 구성에 있는 풍림아파트로 이사했다. 처음으로 장만한 내 집이었다. 당시 분양가가 6,630만 원이었는데 계약금을 비롯해 중도금과 잔금을 치르면서도 큰 빚을 내지는 않았다. 저축부터 하고 나머지로 생활하는 전형적인 서민 생활의 결실이 달콤했다.

지금은 풍림아파트 일대가 대규모 아파트 단지로 변모했지만 그때만 해도 교통이 불편하고, 생활편의 시설도 전혀 없었다. 그렇지만 24평 나의 보금자리에 들어오면 궁궐같이 느껴지고 밥을 안 먹어도 배가 불렀다. 저축을 게을리하지 않은 덕에 2003년 가을에는 풍림아파트 바로 옆의 신일유토빌로 입주할 수 있었다. 24평에 살다가 33평으로 가니 좋다는 말밖에 나오지 않았다. 먼저 살던 집을 전세 놓아 한때나마 집이 두 채가 되는 과분한 호사※※를 누려보기도 했다. 주변에 아파트가 많이 지어지면서 식당도 생기고, 병원도 들어섰다. 살기는 좋아졌지만 은이 학교 보내는 문제가 걸리기 시작했다. 윤이 키우느라 휴직했던 이 선생도 분당으로의 출퇴근을 앞둔 상황이었다. 신일유토빌에서의 생활을 정리하고 분당으로 이사를 하기로 마음을 정했으나 집값이 문제였다. 아파트 두 채를 팔아도 분당 입성은 언감생심馬敢生心이었다. 분당 끝에 붙어 있는 죽전이 조금 싼 편이었다. 죽전에서도 입주한 지 3년 된 파크시티아파트를 계약했다. 4억 원을 마련하기는 쉽지 않았다. 풍림아파트와 신일유토빌을 팔고 1억 5,000만 원의 은행 빚을 떠안았다. 저축하는 대신 이자를 갚아 나가면서 살기로 한 것이다. 집이라 쓰고 빚이라 읽지만 그래도 파크시티아파트는 좀 큰 평수라 넓은 곳에서 사는 재미는 맛볼 수 있었다. 이런 과정을 거쳐 보증금 50만 원에 월세 6만 원 하는 집에서 여기까지 왔다.

부모의 경제적 지원 없이 수도권에 집을 마련해 산다는 것이 쉽지 않은 일이다. 지난 7월 중순 국토연구원이 건설교통부의 의뢰를 받아 전국 3만여 가구를 대상으로 실시한 2006년도 주거 실태 조사에 따르면 연 소득 대비 주택가격PIR은 전국 6.0배, 수도권 8.1배로 나타났다. 소득을 모두 저축하더라도 전국 평균으로는 6년, 수도권은 8.1년이 지나야 겨우 집을 구입할 수 있다는 의미다. 이는 2005년 조사 때와 비교해 전국 평균은 같지만 수도권은 0.4배가 늘어난 것으로 수도권에서 내 집 마련하기가 더 어려워졌음을 보여 준 것이라 할 수 있다.

한 푼도 안 쓰고 살 수는 없는 일이다. 택시 탈 일 생겨도 버스 타고, 소갈비 대신 삼겹살을 먹어야 한다. 아이들 옷은 주로 얻어 입히고 또 물려 입혀야 한다. 백화점은 멀리하고 할인매장을 가끔 가야 한다. 그런 생활에 익숙해진 이 선생이나 아이들에게는 미안한 일이다. 사치하지 않고, 낭비하지 않고, 헛되이 쓰지 않는다는 것이 또한 얼마나 고마운가. 이 선생의 심성이 그러하지 못한 사람이었다면 견디지 못했을 것이다. 그래서일까. 경제적 여유 대신 마음 편한 행복을 주겠다는 다짐도 무능한 가장의 변명처럼 미안하게 느껴질 때가 있다.

빚이 많이 물려 있지만 나의 집이 있으니 마음이 편하다. 공부 욕심, 일 욕심은 없었지만 집 하나 장만하고 싶은 욕심은 버리지 않고 살았다. 어려서부터 내가 커서 어른이 되면 자식들에게 공부방은 마련해 줘야 한다고 생각했다. 물설고 낯선 서울 생활을 하면서 그런 생각은 더 깊이 자리 잡았다. 혼자서 자취하던 시절, 어떤 집주인은 터무니없이 청구된 기름값을 깎아달라고 하자 한겨울인데도 방으로 통하는 보일러를 꺼버렸다. 조금 늦으면 문 열어 달라는 말을 하기 어려워 창문을 잠그지 않고 넘어 다니기도 했다. 가끔 방송에서 집 장만에 대한 감회를 들을 때면 나의 이야기인 것 같아 가슴이 뭉클하다.

가훈家訓이라고 어디 써 붙여 놓은 것은 없지만 은이가 학교에서 적어 내라고 할 때 나는 우공이산愚公移山을 적어준다. 우공이산은 어리석은 영감이 산을 옮긴다는 뜻의 고사성어다. 한 우물을 파는 사람이 성과를 거두고, 어려운 일이라도 꾸준히 하다 보면 언젠가는 목표를 달성할 수 있다는 의미가 있다.

중국의 태행산太行山과 왕옥산王屋山은 사방이 700리里에 높이가 만 길이나 되는 큰 산으로 원래 기주冀州 남쪽과 하양河陽 북쪽에 있었다고 한다. 북산北山에 살고 있던 우공愚公은 거의 90세가 되었는데 이 산으로 인해 겪는 왕래의 불편을 해소하고자 가족들을 모아놓고 의논해서 산을 옮기기로 하였다. 그런데 그 흙을 발해渤海까지 옮기는데 한 번 왕복에 꼬박 한 해가 걸렸다. 하곡河曲의 지수智叟가 우공에게 "산의 한 터럭도 헐지 못할 힘으로 저 흙과 돌을 어찌하겠느냐"며 만류하자 우공은 길게 한숨을 쉬면서 이렇게 말했다. "비록 내가 죽게 되더라도 나에게는 자식이 있다. 그 아이가 다시 손자를 낳고, 그 손자는 또 자식을 낳아 자자손손 끝없이 대를 이을 것이지만 산은 더 불어나는 일이 없다. 어찌 고생을 하는데도 평평해지지 않을 수 있겠는가." 지수는 말문이 막혔다. 이 말을 들은 산신령이 산을 허무는 인간의 노력이 끝없이 계속될까 겁이 나서 옥황상제에게 이 일을 말려 주도록 호소하였다. 그러나 옥황상제는 우공의 정성에 감동하여 가장

힘이 센 과아씨^{夸蛾氏}의 아들을 시켜 두 산을 들어 옮겨 하나는 삭동^{朔東}에 두고, 하나는 옹남^{雍南}에 두게 하였다고 한다.

춘추전국시대의 사상가 열어구^{列禦寇}가 쓴 《열자^{列子}》의 〈탕문편^{湯問篇}〉에 실려 있는 이야기다. 평범한 직장생활로 부자가 될 수는 없는 일이다. 그렇다고 우리 사회가 성실한 직장인이 빈곤을 벗어날 수 없는 시스템은 아니다. 부의 계층 간 유동성 economic mobility은 따질 필요가 없다. 형편에 맞게 살며 알뜰히 저축하면 된다. 나는 직장생활을 시작하면서 적은 월급에도 항상 일정액을 떼어 저축하는 것을 생활화했다. 재테크에 대한 별다른 재주가 없어서이기도 하지만 은행저축이 제일가는 재테크라는 믿음에 변함이 없다. 은이와 윤이에게도 평소 저축하는 자세를 갖게 하려고 노력한다. 할머니, 할아버지나 친척들에게 받은 용돈의 절반은 돼지저금통에 모은 후 나중에 직접 은행에 가서 저금하도록 하고 있다. 습관이 바뀌면 인생도 바뀐다고 한다.

이 선생과 산에나 다녀오자며 나섰다. 아파트 뒷길로 이어진 예진산^{芮陣山}은 큰 힘 들이지 않고 산책하듯 걸어도 왕복 한 시간 남짓이다. 하늘을 가릴 만큼 풍성한 나뭇잎들이 산길을 뒤덮고 있다. 때가 되면 모든 나무에서는 꽃이 피고, 잎이 자란다. 꽃은 향기롭고 화려하지만 오래가지 못한다. 잎은 꽃보다 예쁘다고 할 수 없지만 봄에 나기 시작해 가을이 깊을 때까지 무성함을 유지하며 맑은 공기도 주고, 시원한 그늘도 선사한다. 잎이 모두 떨어져 가지만 남아도 함부로 할 수 없다. 그 속에 신비한 것들이 무궁무진하다.

■■

1948년 5월 발행된 월간지 〈새교육〉 창간호에 사공환司空桓 당시 문교부 사범교육과장의 글이 남아 있다.

> 농삿군은 농삿군의 위인이 되어라
> 고기잽이는 고기잽이의 위인이 되어라
> 땜쟁이는 땜쟁이의 위인이 되어라
> 자기 임무를 충실히 실천한 자
> 사람 중에 가장 큰 위인이다.

자신의 분야에서 맡은 바에 최선을 다하는 삶이 되라는 격문檄文이다. 고등학교 시절 불끈불끈 가출을 꿈꿨으나 결행하지 못하고, 그저 쌍다리 뚝방에 앉아 소주를 병째 들이켰다. 내가 읽은 책, 내가 본 그림, 내가 들은 음악, 내가 아는 것이 모두 허망하다고 느꼈다. 소피 마르소Sophie Marceau의 얼굴 사진과 박인환朴寅煥 선생의 〈목마와 숙녀〉는 책받침의 앞뒤였다.

문학이 죽고 인생이 죽고

　　사랑의 진리마저 애증의 그림자를 버릴 때

　　목마를 탄 사랑의 사람은 보이지 않는다

　　세월은 가고 오는 것

　　……….

위인이 다름 아니라는, 오늘을 치열하게 사는 모두가 위인이라는 사실은 뒤늦게 알았다.

작지 않은 사업을 하는 박 형에게 고깃집에 투자했던 이야기를 털어놨다. 말 잔치에 넘어가 생각 없이 시작한 사업에서 엄청난 대가를 치르고 정리한 것이 불과 반년 전이다. 상표등록까지 한 '소락원'은 미국산 수입 소고기를 주로 팔았다. 소위 '오픈빨'로 개업 초기 길게 줄 서 대기하는 손님도 많았지만 시간이 지날수록 매출이 급감했다. 재료구매·메뉴구성·가격책정·직원관리·세금납부 등 뭐 하나 제대로 알지 못하는 나로서는 직원들에게 전적으로 의존했고, 결과는 참담했다. 테이블 24개의 60평 매장은 월세가 600만 원이었다. 원자재 구매와 직원들 월급, 각종 세금 등이 매달 4,000만 원 정도였으니 하루 150만 원은 팔아야 하는데 그렇지 못했다. 적자가 쌓여갔지만 빚으로 빚을 갚아나가는 것 말고는 별다른 방법을 찾을 수 없었다. "잘 속는 시민은 선동가의 먹잇감"이라는 수학자 파울로스^{John Allen Paulos}의 말이 아프게 다가왔다. 이 세상이 고수에게는 천국이고, 하수에게는 생지옥이란 말이 영화 속 대사였던가. 2년여 동안을 철저히 하수로 살았다.

ritardando

캠퍼스에 봄 오는 소리가 들리는 듯하다.
끝말잇기 놀이를 하던
아이들은 어느덧 훌쩍 자라
대학생과 고등학생이 되었다.

6. 성장

■

  이지은. 1998년 8월 7일생으로 올해 열 살이다. 결혼한 다음 해에 태어났으니 허니문베이비라 할 수 있다. 첫 아이, 가슴이 설렜다. 부모님을 비롯해 주위의 기쁨도 컸다. 이 선생은 종이접기를 하면 똑똑한 아기가 태어난다며 종이접기를 배워 꽃이며 동물을 만들어 냈다. 날이 갈수록 실력이 느는 것을 보면서 부업으로 해도 되겠다고 응원했다. 나는 먹고 싶다는 것 사주고, 퇴근 후 가급적이면 곧장 집에 들어가는 것으로 아빠 준비를 해나갔다. 원래도 차분한 이 선생은 더욱 조신한 산모가 됐다. 산부인과에서는 정기적으로 태아의 건강상태를 확인시켜줬다. 어느 날 태아가 자라는 모습을 초음파 사진으로 보는 순간 나를 똑 닮았다는 생각을 했다. 휴가를 낸 이 선생은 출산 보름 전 친정으로 내려갔다.

첫 딸은 살림 밑천이라며 위로하듯 말하는 이들도 있지만 나는 첫 딸을 '삶의 밑천'이라고 믿는다. 지은이를 얻은 후 너무 예쁘고 감격스러웠다. 유리 칸막이 너머로 간호사가 은이를 보여 줄 때마다 마음속으로 눈물이 났다. 건강하게만 태어나 달라는 바람이 얼마나 간절했던가. 분만실 앞에서 서성일 때는 살면서 저지른 잘못이 전부 떠올랐다. 원주에서 순천까지 달려온 어머니는 그사이에 벌써 작명소에서 이름을 지어왔다. 3대 독자인 사위를 위로하고 싶은 장모님은 "요즘은 딸도 좋다"고 했지만 나는 그냥 좋았다. 이 선생은 자연분만을 해서 그런지 회복이 빨랐다. 출산 이틀 후 퇴원했다. 하루가 다르게 크는 은이를 보면서 삶의 밑천을 얻은 기쁨도 커져만 갔다.

아이가 자라면서 주는 행복이 어디 한두 가지일까. 아이가 생기면 모든 생활패턴을 아이에 맞추기 마련인가 보다. 아이 때문에 울기도 하고 웃기도 한다. 조금만 아파 보여도 큰일이 나 난 듯 수선을 피운다. 한번은 은이 변(便)에서 약간의 출혈이 보였다. 돌이켜 생각해 보면 못 보고 넘어갔어도 문제없었을 텐데 그때만 해도 보통 걱정이 아니었다. 병원에 데려가자 의사는 "자세한 검사를 해야 한다"고 했다. 돌이 갓 지난 아이에게 혈관주사를 놓는데 경험이 많지 않아 보이는 간호사는 혈관을 못 찾고 몇 번이나 엉뚱한 곳을 찔렀다.

발버둥 치는 아이를 붙잡고 얼마나 화가 나던지 버럭 소리를 지르자 그 간호사는 신생아실에 근무하는 다른 간호사를 불러와 혈관주사를 놓게 했다. 신생아실 간호사는 단번에 혈관을 찾았다. 이런저런 검사로 아이와 부모를 초주검 상태로 만든 의사는 "별 이상은 없는데 다른 검사를 더 해봐야겠다"고 했다. 그럼 지금까지의 검사는 뭐란 말인가. 이 선생과 나는 양가 부모님께 전화를 드렸다. 부모님들은 "애들이 다 그럴 수 있으니 걱정 말고 그만 돌아오라"고 했다. 나중에 귀동냥을 해보니 그런 것은 흔히 있는 일이란다. 요란 떨 일이 아니었던 것이다.

은이는 서초구 신원동의 원룸에 살 때 태어났다. 결혼 후 이 원룸에서 1년 가까이 살았다. 여름이면 개구리 울음 소리가 크게 들리고, 하늘도 유난히 높아 보이는 그곳은 요즘도 시골 분위기가 여전히 남아 있는 것 같다. 은이를 낳고 세 달 후 용인 구성에 분양한 풍림아파트로 이사했다. 은이는 이 선생이 출산휴가를 끝내고 출근하게 되면서 서너 달은 원주 부모님이 키웠고, 그 다음부터 다섯 살까지는 풍림아파트 한층 위에 살던 아주머니가 맡아 키웠다. 은이보다 세 살, 다섯 살 많은 여자아이 둘을 둔 아주머니는 말단 공무원의 부인이자 착실한 주부였다. 풍림아파트 바로 옆에 새로 지은 신일유토빌로 이사할 때까지 가족처럼 지냈다.

여름 내내 하루가 멀다 하고 '허위 학력' 사건이 터져 나왔다. 동국대 신정아 교수의 예일대 가짜 박사 사건으로 불거진 파문은 단국대 김 모* 교수, 김천과학대 이 모 교수, 명지대 사회교육원 정 모 교수, 명지전문대 장 모 교수의 학력이 허위였음을 드러냈다. 연극배우 윤 모 씨와 방송인 강 모 씨 등의 학력도 결국은 허위로 들통이 났다. 모두 자기 분야에서 나름대로 이름깨나 날리던 사람들이다. 변명은 구구절절하지만 궁색하기만 하다. 변명이 또 다른 거짓말로 이어져 곱절로 여론의 뭇매를 맞는 사람도 생겼다. 여기에 서울대 출신으로 알려졌던 서울 능인선원 원장 스님까지 "서울대에 입학한 적도 없다"고 실토했다.

가짜인 이들의 진짜 행세는 아주 오랫동안 계속됐다. 학력 위조를 고백할 수 있도록 유예기간을 주자는 아이디어가 나오는가 하면 학력을 위조할 수밖에 없는 학벌 위주의 사회풍토가 문제라는 시답잖은 진단도 쏟아졌다. 요사스러운 말로 사회 구성원 모두를 한통속으로 엮으려는 것이지만 엄연한 것은 학력 위조의 피해자는 그들이 아니라 학력을 위조한 바가 전혀 없는 사람들이라는 것이다. 한참 장정일蔣正一 선생의 시詩를 읽을 때 그의 이력에서 대학을 확인한 바 없다. 그의 대학 이야기는 기껏해야 계명대에 재학 중인 여자 친구와 관련된 이야기밖에 없었다. 중졸 학력이 전부인 그가 어느 날 동덕여대 문예창

작과 교수로 임용됐을 때 나는 오히려 그 대학이 복을 받았다고 생각했다.

학벌을 위조한 사람들에게 너그러움을 베풀지 못하는 것이 잘못일 리 없다. 학벌을 위조한 사람들이 학벌 위주 사회의 희생양은 아니다. 그들은 학벌을 위조해 우리에게 공표하지 않은 무엇인가를 누려온 사람들이지 그렇지 않은 사람들로부터 홀대를 받아온 사람들이 아니기 때문이다. 학력위조로 득을 보다 들킨 후에 마지못해 흘리는 눈물이 학력의 설움을 극복하기 위해 남몰래 눈물 흘리며 노력한 이들의 것보다 값질 수 없다. 초등학교 문턱도 넘지 못했지만 풍찬노숙風餐露宿하며 독학하여 세계 최초의 교육보험을 탄생시킨 신용호愼鏞虎 선생 같은 분도 있다.

책장 깊숙이 꽂혀 있는 장 선생의 시집을 꺼냈다. 대학 시절 단 몇 천 원의 여유도 없던 때가 항시恒時였지만 가끔 그의 시집을 샀다. 몇 권 갖고 있다고 생각했는데 찾아보니 남은 것은 그의 3시집 《천국에 못 가는 이유》 하나뿐이다. '91. 9. 3'이라는 날짜와 사인이 있다. 그리고 한마디 "비가 구질구질 내렸다"라고 적혀 있다. 그 시절 왜 구질구질 비가 내리는데 장 선생의 시를 읽었을까. 그의 시 〈길안에서의 택시잡기〉는 요즘도 더러 찾아 읽는다. 3시집에 있는 것은 아니다.

    길안*에 갔다.
    길안은 시골이다.
    길안에 저녁이 가까워왔다. 라고
    나는 썼다. 그리고 얼마나
    많이, 서두를 새로 시작해야 했던가?
    타자지를 새로 끼우고, 다시 생각을
    정리한다. 나는 쓴다.
    ……….

    * 길안 : 안동 근처의 면소재지

  나는 장 선생의 이 시 첫 소절만 생각해도 소름이 돋는다. 172행으로 된 장 선생의 이 긴 시를 애국가보다 더 많이 되뇌었다. 구구단도 헛갈릴 때가 많지만 아직까지 나는 이 시의 절반은 외우고 있다. 내가 시인이 된다면 바로 이런 시를 써야 한다고 믿었다. 시인이 되는 것은 이런 시를 쓰기 위함이라고 생각했다. 사랑하는 시를 가까이 할 수 없게 만든 시. 그가 〈길안에서의 택시잡기〉에서 보여준 글쓰기에 대한 집념과 그에 따르는 고통, 그것이 내게는 그가 말한 테크놀로지의 이율배반 같은 것이었다.

  논란이 되는 허위 학력^{學歷}도 문제이지만 허위 '학력^{學力}'도 보통 일은 아니다. 학력^{學歷}은 학교를 다닌 이력이나 경력이고, 학력^{學力}은 교육을 통하여 얻은 지식이나 기술 등의 능력일 것이다. 대학을 나와도 자신의 출신 대학과 학과를 한문으로 쓰지 못하는 사람이 열 중 몇이라는 식의 조사결과가 심심치 않게 보도된다. 올 초 서울의 모 대학 사범대에서는 '기초 글쓰기' 과목을 수강하는 새내기 384명을 대상으로 한자 능력을 시험해 보니 20%(78명)가 자신의 이름을 제대로 쓰지 못했다는 충격적인 결과를 내놓기도 했다. 아무리 학력^{學力}이 하향평준화 되었다고는 하지만 어처구니가 없는 일이다. 학력^{學歷}이 아닌 학력^{學力}으로 평가하고, 평가받는 사회가 돼야 한다.

감추거나 덧붙일 학력^{學歷+學力}조차 별 것 없고, 학교 다니면서 반장 한번 해보지 못한 나로서는 은이가 부반장이 되었을 때 꽤나 흐뭇했다. 은이로부터 임원선거에 나가겠다는 말을 듣고는 내심 괜한 상처를 받지나 않을까 하는 걱정이 앞섰던 것도 사실이다. 대부분의 초등학교가 1, 2학년에는 반장이나 회장 등 임원제도를 두지 않고 3학년부터 운영한다. 이 선생과 나는 은이가 3학년이 되면서 안산으로 전학했기 때문에 낯선 친구들 앞에 스스로 나서거나 친구들의 추천을 받기가 어려울 것으로 생각했다. 어느 날인가 부반장 임명장을 내미는데 대견하고 기특해 한참을 안아줬다. 어떻게 된 일이냐고 물었더니 "반장 선거에서는 한 표 차로 떨어지고 부반장 선거에서 당선됐다"는 것이다. 선거에 나설 용기가 어디서 생겼을까.

은이는 부끄럼도 많고, 겁도 많고, 생각도 많은 아이다. 커가면서 많이 좋아지고 있지만 입이 짧아 밥 한 숟가락 먹이는 것도 힘들 때가 있었다. 한 숟가락 입에 넣으면 언제 씹어 삼킬지 알 수가 없었다. 무서움도 많이 탄다. 강아지를 좋아하지만 가까이 오면 도망부터 친다. 남 앞에 서는 것도 매우 부끄러워했다. 손님이나 친척들이 오면 숨기에 바쁘다. 성준이나 성민이를 만나도 한참을 지나서야 말이 오간다. 1학년 때 담임선생님은 "공부도 잘하고 착하지만 무엇보다 씩씩해져야 한다"는 말을 자주 해주었다는 이야기를 들었다. 어떻게 하면 발표도 잘하게 하고, 용감하게 키울 수 있을까를 고민하던 이 선생은 '이야기 시간'을 갖자는 아이디어를 냈다.

저녁 식사를 마친 후 네 식구가 모여 앉아 하루 동안 있었던 일도 이야기하고, 무겁지 않은 주제로 대화를 해나가자는 것이다. 다음날부터 이 선생은 차※를 준비하고 딸들을 불러 앉혔다. "오늘부터 엄마, 아빠, 지은, 지윤이는 저녁식사 후에 대화의 시간을 갖기로 했다. 누구나 한 가지씩은 이야기를 해야 한다." 나는 출근해서 어떤 일을 하고, 점심은 무엇을 먹었느니 등등의 시시콜콜한 이야기를 들려줬다. 이 선생도 하루를 어떻게 보냈는지 힘든 일은 없었는지에 대해 이야기를 했다. 처음에 은이나 윤이는 발표를 시키면 기어들어 가는 목소리로 무슨 말을 해야 할지 몰라 쩔쩔맸다. 하루 이틀 지나면서 딸들이 흥미를 보이기 시작했다. 급식의 반찬이 무엇이었는지 알려 달라고 해도 어려워하던 딸들이 몇 마디씩 더 붙이기 시작한 것이다.

일주일 정도 지난 다음에는 사회자를 뽑았다. 엄마, 아빠가 시범을 보이고 그다음에는 은이에게 맡겼다. 사회자에게는 "지금부터 우리 가족의 이야기 시간을 시작하겠습니다"라고 선언하는 임무가 주어졌다. 며칠이 더 지나자 은이의 사회 보는 실력이 늘었다. "오늘은 아빠 먼저 이야기를 해야 합니다"라는 말을 덧붙이기도 하고, "윤이는 얌전히 앉아 계세요" 하는 말도 넣었다. 시간이 흐르면서 언니만큼이나 부끄럼을 타 한마디도 못 하던 윤이까지 사회를 시켜 달라고 보챘다.

이야기의 주제도 다양해졌다. '무엇 무엇을 했다'에서 '무엇 무엇을 하니 어떻더라'로 변했다. 그날 있었던 일 말고도 어린이신문이나 책에서 본 내용으로 간단한 토론이 이어지기도 했다. 은이는 이야기 시간을 시작한 후로 학교에서 발표 능력이 몰라보게 좋아졌다. 선생님의 칭찬도 자주 듣는 것으로 보였다. 매사에 자신감도 생긴 듯했다. 나중에는 이야기 시간의 대화를 정리하는 노트를 만들어줬다. 그날그날의 이야기 주제와 시간, 오고간 대화를 요약해 적도록 한 것이다. 때로는 그림으로 표현하도록 하기도 했다. 요즘은 술자리가 잦은 나로 인해 못 하는 날이 많지만 유익한 시간이었음이 틀림없다. 나는 은이가 임원선거에 나선 것은 바로 이야기 시간을 통해 얻은 자신감에서 비롯된 것으로 믿고 있다.

여름 방학이 끝나갈 무렵 은이가 그림을 그렸다. 수협 중앙회에서 초등학생을 대상으로 '어촌사랑 글·그림 공모'를 하는데 참가해 보겠다는 것이다. 이 선생이 은이에게 "이번 방학에 해수욕장도 가고, 실내수영장도 갔으니 잘 그릴 수 있을 것 같다"며 힘을 실어준 것이 큰 작용을 한 것으로 보였다. 멀리서 파도가 밀려오고, 조개를 줍는 사람들의 모습이 바탕에 그려졌다. 크레파스와 물감을 쓸 것이라고 했다. "그림을 따로 공부한 적 없으니 상賞 받을 욕심은 내지 말라"고 말해 줬다. 그래도 해보겠다는 것이 기특해 아이스크림을 하나 사줬는데 출품을 했는지는 확인하지 못했다. 언니 옆에 붙어 있던 덕에 윤이도 아이스크림을 얻어먹었다. 처서處暑를 지나면서 아침저녁으로 바람이 차다. 나이 40의 여름은 그렇게 갔다.

■■

누구나 부모가 될 수 있지만 좋은 부모가 되는 것은 쉬운 일이 아니다. 독일의 작가 니취Cornelia Nitsch는 부모 입장에서 아이를 설득해야 하는 상황이라면 '왜냐면'이라는 표현을 사용하라고 충고한다. "밥 먹기 전에 초콜릿을 먹으면 안 돼. 왜냐면

밥맛이 없어지거든. 그러면 점심이 먹고 싶지 않을 거야." 쉬운 듯도 하지만 성질 급한 탓에 언성부터 높아지기 일쑤다. 대립토론debating을 연구하고 전파하는 일에 몰두하는 박보영 선생으로부터 토론의 중요성에 대한 글 한 편 써달라는 부탁을 받은 적이 있다. 전문적 식견이 없어 난처하던 차에 은이, 윤이와 함께한 이야기 시간을 주제로 삼았다. 집안에서 일어난 작은 일과 그로 말미암아 변화된 것들을 소개했는데 의외로 반응이 좋았다. 덕분에 그의 책 한 챕터 〈전문가들은 왜 대립토론을 강조하는가〉에 이름을 올리기도 했다. 그러나 딸들이 셰어하우스로 기숙사로 떠난 휑한 집에는 이제 이야깃거리가 많지 않다.

지은이 이름의 한자는 알 지知에 지경 은垠이었다. '이었다'는 것은 바뀌었기 때문이다. 지초 지芝에 향기 은誾으로 바꾼 것은 2017년 가을이다. 화火와 토土로 이루어진 태생에 오행상 목木과 수水가 포함된 지芝를 넣음으로써 향기 나는 나무, 귀함을 얻는 나무라는 의미를 갖게 한 것이다. 자라면서 때로 불같은 성격을 보일 때가 있다는 걱정을 듣고, 명리학命理學에 조예가 깊은 유 형이 찬명撰名했다. 법원으로부터 개명허가를 받기까지는 3개월이 걸렸다. 유 형은 30여 년 가까이 명리학을 공부하고 있는데 세상 보는 안목이 남다르다. 폭탄주를 즐기는 유 형과 세상 돌아가는 이야기를 나누다 보면 박근혜 전 대통령이 저리된 것도 운명이라는 생각이 든다. 은이는 한자 이름을 바꾼 후 정말 이름처럼 변해 갔다. 다 좋은데 유 형의 말 중 맞지 않았으면 하는 것은 나에게 재물 운運만큼은 크지 않다는 것이다.

7. 여우

■

"아빠, 안 아프고 상처 난 데 있으면 좋겠다." "무슨 말이야?" "그러니까 밴드 붙일 수 있게 안 아프면서 상처가 났으면 좋겠다고." 개학을 맞은 이 선생이 회식이 있다며 딸들의 저녁을 부탁하고 조금 늦은 날이었다. 언니가 철봉을 하다 생긴 손바닥 상처에 밴드 붙인 것을 본 윤이가 샘이 난 모양이다.

이지윤李知倫은 재롱둥이다. 언니 은이와는 세 살 차이로 2001년 10월 20일생이다. 은이의 주민등록번호는 잘 외우고 있는데 윤이의 것은 휴대전화에 저장해 놓은 것을 찾아봐야 알 수 있다. 은이는 첫 아이라서 그랬는지 사진도 자주 찍어 주고, 병원에 오간 기록이며 유치원에서 공부한 자료까지 꼼꼼히 챙겨두었는데 윤이는 그렇지 않다. 장난감이나 인형도 그렇고 옷이며 신발도 대부분 언니 것을 물려 쓴다. 그런 것이 싫을 때가 있는가 보다. "언니랑 똑같이 새것으로 사달라"고 하며 종종 떼를 쓰기도 한다. 윤이도 언니와 마찬가지로 처가가 있는 순천의 같은 병원에서 태어났다. 둘째라 큰 걱정은 하지 않았다. 이 선생도 첫 아이 때보다 긴장도 덜하고 한결 여유가 있어 보였다. 출산을 일주일 정도 앞두고 순천으로 내려갔다. 출산 3일 전 미리 병원에 예약을 한 후 몇 가지 검사를 받는데 의사가 묻는다. "성별은 알고 계시죠?" "모르는데요." 진짜 모르고 있었다. 첫 아이 때도 그랬지만 한 번도 미리 성별을 알아야겠다는 생각을 하지 않았다. 의사는 아무런 감정도 실리지 않은 목소리로 "여자아이입니다"라며 묻지 않은 답을 해주었다.

그 순간 여러 생각이 교차했다. 이 선생은 나의 눈치를 보는 듯했다. 표정 변화가 없어야 할 텐데 하는 생각부터 들었다. 당황스러웠다. 꼭 아들을 갖고 싶다거나 사내아이를 낳을 것이라는 믿음이 있었던 것도 아니었는데 섭섭한 마음이 밀려왔다. 어른들은 이 선생이 은이 임신했을 때와는 먹는 것이며 불룩한 배의 모양 등 다른 것이 많다며 아들을 낳을 것 같다는 말을 했었다. 그럴 때면 그저 그러려니 하고 말았다. 이 선생은 집으로 돌아와 장모님에게 둘째가 딸이라고 말했다. 장모님도 마음이 편치는 않은 것 같았다. 나는 애써 담담한 척했다.

비록 3대 독자이지만 나는 아들 욕심을 부리지 않았다. 전혀 아니라고 할 수는 없으나 딸이든 아들이든 하늘이 알아서 주시

겠거니 했다. 대代를 이어야 한다는 것에 얽매이지도 않았다. 딸이라고 해서 허전한 마음을 갖는다는 것은 출산을 앞둔 이 선생에게 미안한 일이고, 태어날 둘째에게도 그럴 것이다. 좋은 방향으로 마음을 먹었다. 저희끼리 잘 놀 것이고, 자라면서 또는 다 자란 후에도 서로 의지하며 오히려 더 잘살 것으로 생각해 나가기로 했다. 주변에서도 딸 둘을 둔 것은 200점이라며 난생 받아보지 못한 점수를 주며 치켜세웠다.

  둘째 아이라고 해서 출산의 고통이 덜한 것은 아닌 것 같았다. 무통분만 주사를 맞았지만 이 선생은 무척이나 힘들어했고 산통産痛의 시간도 길었다. 다행히 2.54킬로그램의 예쁜 아이가 태어났다. 은이도 2.66킬로그램으로 몸무게가 평균보다 적게 태어났는데 윤이는 그보다 더 적었다. 작게 낳아 크게 키우라고 했던가. 병원에서는 은이 때처럼 윤이의 양쪽 발바닥 지문과 이 선생의 오른손 엄지 지문이 함께 찍힌 출생기록장을 만들어줬다. 퇴원할 즈음에는 마음이 많이 편해졌다. 그렇지만 왜 그랬는지 윤이에게는 편지를 쓰지 못했다. 은이를 낳고 사흘째 되는 날, 나는 다음과 같은 편지를 써서 은이 스크랩북에 넣어주었다. 윤이에게도 같은 마음이다.

  사랑하는 나의 딸 지은! 1998년 8월 7일(음력 6월 16일) 오후 3시 50분. 이낙진과 이세희 사이에서 첫아기가 태어났다. 이

날 서울·경기 지방에는 집중 호우가 쏟아졌으나 다행히 우리 딸이 태어난 전남 순천의 날씨는 매우 화창했다. 우리 딸은 순천의 현대병원에서 출생했으며 생후 2박 3일은 이 병원 신생아실에 있었다. 엄마는 605호에서 몸조리를 하고 아가와 함께 퇴원했다. 엄마는 아기가 태어나기 16시간 전부터 진통을 시작했으며 6시간 전부터는 매우 심한 산통을 겪었다. 우리 아가는 엄마의 고통과 인내, 사랑의 힘으로 건강하게 태어나 주위를 기쁘게 했다. 아빠도 건강하고 예쁘게 태어난 아가를 보면서 더할 나위 없이 행복했다.

아가의 탄생을 전해들은 할머니와 할아버지도 기쁨을 감추지 못했다. 그다음 날 바로 지은이라는 이름을 지어주셨다. 아가의 이모, 고모 등 모든 사람이 건강하고 예쁘게 자라나길 기원했다. 우리 딸은 처음에는 모유를 잘 먹지 않고 우유를 먹었다. 엄마는 모유가 아기의 건강에 좋다며 모유를 잘 빨지 않는 아가를 걱정했다. 점차 모유에 익숙해질 것이다. 오늘은 10일. 우리 딸이 태어난 지 4일째 되는 날이다. 아빠는 지금 회사에서 이 글을 쓰고 있다. 아빠는 아빠가 된 사실이 좀처럼 실감 나지 않는다. 우리 딸의 사진을 보고 또 보면서 아빠가 됐음을 느끼고 있다. 우리 딸이 건강하고 튼튼하게 자라길 바라면서 아빠는 아빠대로 엄마는 엄마대로 최선을 다할 것이다.

우리 딸에게 무엇이 되라고 강요하지 않을 것이며 어떻게 살아야 한다고 하기보다는 모범을 보일 것이다. 우리 딸을 사랑이라는 이름으로 과보호하지 않을 것이다. 우리 딸은 스스로의 선택과 판단에 따라 행복하게 자라야 한다. 아빠와 엄마는 그러한 환경을 만들어 줄 것이다. 혼자 헤쳐 나가기 힘든 일이 있을 때 옆에서 사랑과 용기를 줌으로써 이를 극복하게 도와줄 것이다. 세상에는 행복한 일도 많고, 불행한 일도 있다. 어느 쪽에 서서 갈 것인가는 자신의 노력에 달려 있다. 엄마, 아빠와 함께 부디 행복한 삶을 만들어 가자. 아빠.

이 선생은 두 딸을 키우기 위해 2년간 육아휴직을 했다. 은이 때는 출산휴가만 끝내고 바로 출근했지만 둘이 되고 보니 사정이 달랐다. 윤이는 하루가 다르게 무럭무럭 커나갔다. 모유도 잘 나오고, 윤이도 잘 먹었다. 은이는 동생 커가는 모습을 신기하고 예뻐했다. 은이도 그렇지만 윤이도 백일잔치나 돌잔치를 제대로 해주지는 못했다. 원주 할머니 집에서 떡을 해와 나눠 먹는 정도였다. 은이는 돌 때 사진관에 가서 기념사진 찍고, 앨범을 만들어 주었으니 윤이보다는 낫다고 해야 할 것이다. 윤이 돌 때는 무엇을 했는지 기억이 나지 않는다.

딸 키우는 재미, 참 재미있다. 갓난아이가 자라며 눈을 맞추고, 뒤집기를 하고, 기어 다니고, 앉고, 서고, 뛰는 것을 보면 나도 저랬을까 하는 생각이 들어 입가에 미소가 번진다. 모유 먹고, 우유 먹고, 이유식 먹고, 밥 먹는 것도 대견하다. 웅얼거리고, "엄마"를 따라 하고, 울고, 떼쓰고, 말하고, 고집부리는 모습도 예쁘기 그지없다. 단것은 어찌 아이들 입에 그리도 잘 맞는지 모르겠다. 사탕 맛을 알고, 초콜릿 맛을 알고, 아이스크림 맛을 알아 간다. 따로 한글 공부를 시키지 않아도 한 글자씩 알아 간다. 글보다 그림이 많은 동화책을 읽고, 나중에는 그림보다 글이 더 많은 책을 읽는다.

아빠라는 나는 시도 때도 없이 뽀뽀를 해주겠다고 달려들더니 조금 큰 후에는 오히려 뽀뽀해 달라고 난리다. 딸들은 재우고 깨우는 것도 재미있다. 아기 때는 시간이 되면 잠들었는데 커갈수록 재우는 수고가 더 따라야 한다. 동화책을 읽어 주면 쌔근쌔근 잠이 든다. 은이와 윤이는 내가 들려주는 창작동화를 무척이나 좋아했다. 동화라고까지 할 만한 것은 아니고 즉흥적으로 지어낸 이야기다. 딸들이 재롱을 부리며 "아빠, 재워주세요" 하면 안 해줄 수 없다. 불을 끈 후 양쪽에 딸들을 누이고 내가 가운데 자리를 잡는다. 불을 껐으니 동화책을 읽어 줄 수도 없고, 이야기를 만들어 내야 한다.

"무슨 이야기를 해줄까?" 머릿속에서는 어떻게 이야기를 풀어나가야 할지 복잡하다. "토끼들이 거북이네 집에 놀러 간 이야기해 줄게." 딸들이 좋아 죽겠단다. "우선 토끼 이름부터 지어 보자. 토끼가 열 마리 있었거든. 제일 큰 토끼는 일토야. 그다음은 이토, 삼토, 사토." 은이와 윤이는 그다음은 다섯토니 오토니 하며 서로 자기가 말한 것으로 해달라고 조른다. "오토로 하자. 또 그다음은 육토, 칠토, 팔토, 구토." 이번에도 십토니 열토니 하며 서로 맞추겠다고 한다. "열토가 좋겠다." 토끼들 이름을 지었으니 이제 거북이 이름을 지을 차례다. "일북, 이북, 삼북, 사북, 오북, 육북, 칠북, 팔북, 구북, 열북." 토끼와 거북이의 이름을 지었다.

 나의 동화구연은 이렇게 이어진다. 음료수와 과자로 도시락을 싼 토끼들은 산 넘고 물 건너 거북이가 사는 곳으로 떠난다. 토끼들은 가는 중간 중간에 여우도 만나고 늑대도 만난다. 꾀를 내어 도망치기도 하고, 숨어 있다가 위험을 벗어나기도 한다. 토끼들이 숨어 있는 모습을 말할 때면 딸들은 숨소리도 내지 않고 듣는다. 토끼들은 배가 고프면 게임을 하면서 과자를 먹는다. 이쯤 되면 딸들은 거의 잠이 든다. 그다음 이야기는 다음에 재워줄 때 이어 나가기로 한다. 나의 이야기는 토끼와 거북이가 만나서 즐겁게 놀고 또 거북이가 토끼네 집으로 놀러 온 다음에 끝이 날 것이다.

 재우는 것 못지않게 깨우는 것도 재미있다. 윤이가 다섯 살 될 무렵부터는 두 딸을 저희 방에서 재우기 시작했는데 아침이면 두 녀석 모두 엄마, 아빠 옆에서 자고 있다. 누가 먼저라고 할 것도 없이 잠결에 일어나 안방으로 건너오는 것이다. 잠버릇 고약한 딸들은 엄마, 아빠 얼굴에 다리 하나씩을 떡하니 올려놓기도 한다. 아침을 먹이고, 머리를 빗겨 학교와 유치원에 보내기 위해서는 늦어도 한 시간 전에 일어나도록 해야 하는데 쉬운 일이 아니다. 은이는 그나마 좀 일찍 일어나는 편인데 윤이는 그렇지 않다. 깨워 놓으면 어느새 소파에 누워 한잠 더 잔다. 평일에는 달콤한 말로 유혹을 해야 겨우 일어나는 딸들이 주말에는 더 자라고 해도 일찍 일어나 수선을 피운다.

밴드 붙인 것을 따라 하고 싶다던 윤이에게 며칠 지나지 않아 정말로 밴드 붙일 일이 생겼다. 퇴근길에 아파트 단지 내 놀이터를 지나고 있는데 은이는 자전거를 끌고, 그 뒤에 윤이가 엉금엉금 기다시피 걸어가고 있다. 한 손으로 바지 한쪽을 걷어 올린 상태로 걸어가는 것을 보니 무릎을 다쳐 상처가 난 것이 분명하다. 어찌하는지 멀리 떨어져 보고 있는데 은이가 달래며 데려가고 있다. 윤이가 걷다가 멈춰 상처를 한번 쳐다보면 은이도 멈춰 윤이를 본다. 몇 걸음 옮기고 똑같은 행동을 반복한다. 멀리서 "딸들아" 하고 부르자 아빠를 본 윤이는 참았던 울음을 터트렸다. 윤이는 말도 못 하고 울기만 하는데 은이가 "윤이가 넘어졌다"고 알려 준다.

"우리 작은 강아지 어디를 다쳤나?" 하고 물으니 더 서럽게 울어댄다. "아빠, 업어줘." 윤이를 등에 업고 은이를 앞세워 집으로 올라왔다. 과산화수소수로 소독을 하면 쓰라리다는 것을 잘 알고 있는 윤이는 절대로 소독은 안 하겠다며 밴드를 붙여 달라고 한다. 이 선생은 "그래라, 이 녀석아. 너 밴드 붙이고 싶어 했는데 잘 됐구나" 하며 평소 눈독을 들이던 곰돌이가 그려진 밴드를 붙여 준다. 딸들이 겁도 많고 엄살이 심해 어떨 때는 아프다고 울어도 웃음이 난다.

윤이는 옷에도 탐이 많다. 아침에 제일 먼저 집을 나서는 나는 이 선생에게 들은 말로 그 상황을 그려 보며 혼자 웃는다. 대부분의 유치원이 매주 한두 번은 원복(園服) 대신 체육복을 입고 등원하는데 그런 날 윤이는 괜한 짜증을 부리기도 하고 생뚱한 트집을 잡기도 한다는 것이다. 왜 그러는지 몰라 달래거나 야단도 쳤는데 나중에 알고 보니 원인은 체육복에 있었다. 치마를 입고 가고 싶은데 체육복 입는 날은 그럴 수 없으니 심술이 났던 것이다. 그렇다고 해서 혼자만 원복을 입혀 보낼 수 없으니 체육복 입고 가는 날은 이 선생도 아침마다 고생을 했던 것 같다.

윤이의 과자 먹는 모습도 볼만하다. 비스킷이나 초콜릿을 한 번에 입에 넣는 법이 없다. 아끼느라 갉아서 아니 핥아서 먹는다는 표현이 맞을 것 같다. 조금씩 먹다 보니 부스러기가 되거나 녹아서 먹지 못하게 되는 경우도 많다. 그런 모습을 볼 때면

'욕심 멍멍이' 이야기를 들려준다. 물속에 비친 뼈다귀를 물고 있는 개를 보고 짖다가 자신의 뼈다귀마저 잃었다는 이솝 우화 〈욕심 많은 개〉를 그렇게 부른 것이다. 보통 둘째가 더 욕심을 부린다고 하는데 윤이는 완전한 둘째다.

윤이가 희소유치원에 다니던 여섯 살 때 아빠와 함께하는 수업이 있다고 해서 시간을 쪼개 다녀왔다. 다섯 가지 프로그램으로 수업이 진행됐다. 10명 정도의 아이와 그 아빠가 한 조를 이뤄 그림도 그리고 주먹밥 등 이것저것 만들며 관찰도 하는 식이다. 유치원 선생님은 마지막 프로그램을 마치고 아빠들 앞에 아이들을 나란히 횡대로 세웠다. "자, 아빠를 위해 준비한 거 있죠?" "네." 병아리처럼 귀여운 아이들이 일제히 대답했다. 선생님이 시작 신호를 보내자 아이들이 〈아빠 힘내세요〉를 합창했다. 노래를 듣고 있으려니 가슴이 찡해졌다. 딸들은 아빠를 울리기도 하고, 웃기기도 한다.

은이와 윤이는 나의 퇴근에 맞춰 가끔 깜짝쇼를 한다. 옷을 요란하게 입고 춤을 추며 나타나기도 하고, 그림을 그려 펼쳐 보이기도 한다. 책상 밑에 숨어 있을 때도 있고, 문 뒤에서 숨을 죽이고 있을 때도 있다. 이불 속에 납작하게 엎드려 있을 때 일부러 못 찾는 척하면 저희가 웃음을 참지 못하고 먼저 튀어나온다. 한번은 윤이가 아빠에게 들려주려고 동화책을 만들었다며 종이 서너 장 묶은 것을 내밀었다. 동화책처럼 그림을 그리고 꾸불꾸불한 글씨를 써넣었다. 내용은 잊었는데 도저히 잊지 못하는 것이 있다. 맨 앞장에 제목이라며 '우낀 이야기'라고 적어 놓은 것이다.

■■

윤이가 차에 타면서 《라틴어 수업》을 꺼내 엄마에게 건넨다. 표지를 넘기자 "Summa cum laude pro se quisque. 각자 자기를 위한 '숨마 쿰 라우데(최우등)'. 이 책이 베스트셀러 1위였던 것처럼 엄마도 최고야"라고 써놓았다. 좋은 책을 읽었다며 엄마 생일선물로 주는 것이란다. 라틴어 수업에 인문학적 소양을 듬뿍 담아내 명성을 얻은 한동일 교수의 강의모음집으로 꽤 오랫동안 베스트셀러 반열에 올라있다. 제목만 들었지 읽어 보지 못했는데 윤이는 제 언니가 아르바이트한 대형 서점에 들러 샀다고 했다. 공부에 바쁜 윤이와의 대화는 기숙사에서 데려오고 데려다주는 시간이 거의 유일하다. 기숙사에서 나온 주말과 방학이면 이 선생은 운전기사나 다름없다. 아침부터 저녁까지 학원과 독서실을 서너 차례 왕복하며 실어 나른다. 온종일 책과 씨름하는 윤이는 차에 타면 잠시도 쉬지 않고 그동안 있었던 일을 참새처럼 종알종알 털어놓는다.

국회에 들렀다가 여성의 날을 앞두고 '개헌과 여성대표성, 젠더정치의 동학動學'이라는 주제로 열린 국제콘퍼런스를 참관할 기회가 있었다. 젠더 불평등의 문제가 정치영역에서부터 해소되지 않으면 민주주의 정치체제는 상시적인 불안정에 직면하고, 민주주의는 반쪽 민주주의에 머물 수밖에 없다는 것이 참석자들의 공통된 인식이었다. 정치 분야뿐 아니라 사회 곳곳에서 여성의 역할이 다양해졌다고는 하지만 아직 갈 길이 멀다는 인식에 동의한다. 딸 둘을 키우다 보니 걱정도 많고, 뒷받침을 제대로 못 해주는 아쉬움이 있는 것도 사실이다. 그렇지만 사회 탓, 제도 탓으로 돌릴 문제는 많이 줄어든 것 아닌가 하는 느낌도 든다. '세계여성의 날'은 여성 지위 향상을 위해 UN에서 정한 기념일로 1908년 3월 8일 미국의 여성 노동자들이 근로여건 개선과 참정권 보장을 요구하며 시위를 벌인 것이 계기가 됐다. 우리나라도 올해 처음 이날을 법정 기념일로 지정했다.

8. 이별

■

아파트 정문 앞에 과일 파는 트럭이 한 대 서 있다. "아직 참외가 있네." 이 선생과 집 근처 호프집에서 맥주를 한잔하고 들어가는데 바구니에 참외가 소복하게 담겨 있는 것이 보였다. 백화점이나 대형 마트에서야 사시사철 참외를 볼 수 있지만 노점露店에서 보니 더 눈에 띄었다. "여름 다 갔는데 먹고 싶어?" "아니, 참외 보면 할머니 생각이 나서." "응, 할머니가 참외 좋아하셨지."

할머니 양梁 씨는 2002년 1월 2일 새벽 5시에 돌아가셨다. 일본 메이지明治 시대가 막을 내린 1912년에 태어나 어쨌거나 해를 넘기고 운명하셨으니 91세를 사신 것으로 봐도 괜찮을 것이다. 문상객 중에는 "호상好喪이라 할 만큼 사셨으니 당신이나 자식들이나 복 받았다"고 하는 사람도 많았다. 할머니가 위중하다는 전화를 받은 것은 2002년 새해 첫날 오후 늦게다. 놀러 왔던 큰동서네 식구들이 막 돌아간 뒤였다. "큰일 났다. 할머니가 어려울 것 같다"는 어머니의 목소리에는 힘이 없었다.

마음은 급한데 차 위에는 눈이 높이 쌓여 있고, 유리는 얼어붙어 눈을 쓸어내려도 앞이 보이지 않았다. 연말에서 신정新正으로 휴일이 이어진 탓에 며칠간 지상 주차장에 방치하였기 때문이다. 히터를 세게 틀고 출발부터 했다. 날은 어둡고 길은 미끄러웠다. 원주기독병원 응급실에 도착했을 때 의사는 심폐소생술을 비롯한 수술 여부를 가족들이 결정해야 한다고 했다. 의식을 회복할 가능성이 거의 없는 상태에서 심폐소생술이나 수술을 하면 갈비뼈와 장기臟器만 크게 손상될 것이고, 환자에게 고통만 준다는 것이다. 그렇다고 자식들 입장에서 단 1%의 가능성이라도 포기하는 것은 차마 할 수 없는 노릇이다.

의사는 어렵다는 말을 되풀이하며 "편하게 운명하실 수 있도록 원주의료원 중환자실로 옮기라"고 권했다. 할머니가 인공호흡기에 의지한 채 중환자실에 입원한 것은 밤 10시가 조금 넘어서다. 병원에서는 "오늘은 넘기시겠지만 마음의 준비를 하라"고 했다. 연세는 높았으나 평소 아프다는 말씀 한번 없이 정정하셨던 터라 부모님은 할머니가 돌아가셨을 때를 대비해 준비한 것이 없었다. 나도 백수白壽하시겠다는 믿음이 있었다. 당장 무엇을 해야 할지 마음만 급했다. 우선 전주에 사는 고모에게 전화를 걸어 할머니의 상태를 알리며 급히 와야 할 것 같다고 전했다.

고모는 "고모부가 밤 운전을 못 한다"며 "아침 일찍 출발하겠다"고 했다. 나에게는 할머니이지만 고모에게는 어머니 아닌가. 서운한 마음이 들었다. 시간은 속절없이 흘러가고, 병원에서 기약한 그 오늘이 지나가고 있었다. 어머니와 아버지는 병원 복도에 앉아 허망한 시간만 보냈다. 새벽이 되고 의사와 간호사들이 바삐 움직였다. "보호자분 들어오세요." 가슴이 철렁했다. 의사는 "곧 돌아가십니다"라며 담담하게 가혹한 예언을 했다. 계기판의 맥박을 나타내는 숫자가 급격히 떨어졌다. 60, 55, 40, 30, 10. "운명하셨습니다."

그렇게 할머니는 돌아가셨다. 키는 작았지만 꼿꼿했고, 눈도 밝아 바늘귀도 꿰던 할머니다. 잠시도 앉거나 누워서 쉬는 법이 없고, 방바닥이며 마당이라도 쓸고 다니던 할머니다. 어머니 이야기를 들어보면 아픈 데가 없었는데 손자만 보면 여기저기 아프다고 하셨던 할머니다. 비가 오나 눈이 오나 새벽 4시면 어김없이 일어나 새벽기도를 다녔던 할머니다. "증손자를 하나 봐야 할 텐데"라고 하시던 할머니다. 며느리와 평생 궁합이 안 맞아 살가운 소리 한번 주고받지 못했던 할머니다. 아들의 정성스러운 효도도 받아보지 못한 할머니다. 그런 할머니가 낙상落傷으로 창졸간倉卒間에 돌아가신 것이다.

장례는 할머니가 당신보다 더 귀히 여기던 교회에서 주관해 치렀다. 목사님과 신도들은 모든 절차를 알려 주고 가족들을 위로했다. 목사님의 기도에서는 할머니의 삶이 그림처럼 펼쳐졌다. 할머니는 하나님에게 의지해 살았다. 내가 태어나기 전부터 교회를 다녔다고 했다. 어떻게 해서 그 오래전 시골에서 믿음을 갖게 되었는지 알 수 없지만 교회는 할머니의 모든 것이었다. 내가 드린 용돈도 당신을 위해서는 한 푼도 안 쓰고, 오직 헌금한 것을 목사님의 기도에서 읽을 수 있었다. 4일 아침 목사님의 주관으로 발인을 마치고, 운구행렬은 할머니가 다니던 원주침례교회로 향했다.

교회 입구에는 '양금옥 집사님의 명복을 빕니다'라고 쓴 플래카드가 붙어 있었고, 많은 신도가 영결예배에 참석했다. 양금옥 집사님은 할머니 양 씨를 말하는 것이다. 할머니 이름이 주민등록증에는 양한경梁漢景이지만 실제 이름인 것 같지는 않다. 《선원속보》에 보면 할아버지가 양 씨를 취娶했다고 적혀 있고, 양 씨는 남원인부한경南原人父漢景으로 되어 있다. 할머니의 아버지가 한경이라는 것이다. 옛날 여자들 대부분이 아명兒名이나 택호宅號 하나로 한평생 사는 경우가 많았고, 할머니도 이름이 없었는데 주민등록증을 만들 때 필요하니까 그냥 아버지 이름을 집어넣은 것이 아닌가 싶다. 할머니는 주민등록증과 다른 양금옥이라는 이름으로 사셨다.

예배를 보면서 할머니가 돌아가신 것을, 다시는 뵐 수 없구나 하는 것을 절절히 느낄 수 있었다. 나는 집안에서 처음 당한 상사喪事라 여러 일 처리에 경황이 없었는데 차분히 앉아 목사님과 교우들의 기도를 듣고 있으니 슬픔이 한꺼번에 찾아왔다. 목사님과 신도들은 할머니가 천국에 가셨을 것이라는 말을 여러 번 반복했다. 나는 할머니가 정말로 천국에 갔을 것이라고 생각했다. 생전에 "난 걱정 없다. 죽으면 천국에 갈 것이니 하나도 무섭지 않다"고 하던 말이 생생하다. 할머니는 소태면에 있는 할아버지 묘에 합장됐다. 할머니가 묻힌 곳은 풍수지리를 전혀 모르는 내가 보기에도 배산임수背山臨水의 명당이다.

장지에 도착했을 때는 인부들이 굴착기를 동원해 언 땅을 파서 하관 준비를 마친 상태였다. 나는 흰 국화꽃 한 송이를 광중壙中에 던지는 것으로 할머니와 마지막 작별을 했다. 목사님과 신도들, 애쓰며 도와준 사람들에게 감사의 인사를 마쳤다. 병원비와 장례에 들어간 모든 비용을 정산하고 돌아온 집은 쓸쓸했다. 할머니가 쓰시던 방은 조금 무섭기까지 했다. 남은 식구라야 어머니, 아버지, 누나, 매형, 이 선생이 전부다. 단출하다 못해 썰렁하다고 해야 할 판이다. 고모와 고모부는 잠깐 들러 자기들 몫으로 들어온 부의금賻儀金을 챙기고, 장례비용 일부를 내놓은 후 딸이 살고 있다는 경기도 분당으로 간다며 뒤도 돌아보지 않고 떠났다.

　인정머리 없는 사람들이다. 삼우제三虞祭에 와서도 집에서는 엉덩이 한 번 붙이지 않고 가버렸다. 가족의 의미를 찾을 수 없었다. 고모와 우리 집의 사이가 이리된 것은 내력이 깊다. 고모와 아버지가 어려서부터 애틋한 오누이 정을 나누지 못해서일 것이고, 시누이와 올케 사이가 또한 그러했기 때문일 것이다. 도시에서 공무원 하는 남편과 형편이 좀 나은 고모는 냄새나는 우리 집에 와서 머무는 자체도 불편했을 것이다. 딸 입장에서 올케의 며느리 노릇도 마음에 차지 않았을 것이다. 대화거리도 넉넉지 않았을 것이고, 친정살림이 남편에게 부끄럽게 보이기도 했을 것이다. 외손인 혜은이와 범수가 외가를 찾아도 외삼촌과 외숙모가 달갑게 대해 주지 못한다고 생각했을 것이다.

　손바닥도 마주쳐야 소리가 난다고 했다. 어머니 입장에서 보면 하나밖에 없는 시누이가 "시어머니 모시고 사느라 고생이 많다"는 따뜻한 말 한마디 한 적이 없고, 찬바람만 쌩쌩 풍기는데 좋아할 수 없는 것이다. 잘하느니 못하느니 해도 가끔 와서 용돈 얼마 주고 가는 것보다 모시고 사는 것 자체가 힘들다는 것을 모르는 것도 섭섭한 일이다. 그렇게 수십 년 쌓여서 남보다 못한 사이가 됐을 것이다. 그럴 수 있다. 그렇지만 할머니의 장례는 그런 모든 것들을 어느 정도 털어낼 기회임에 틀림없었다.

할머니도 자식들의 반목反目까지 가져간다 생각하면 마음이 편하셨을 것이다.

  설령 고모가 그렇더라도 좀 더 배운 고모부는 그리하면 안 된다고 나는 생각했다. 할머니께서 돌아가신 마당에 앞으로 처가에 올 일도 굳이 없을 것이고, 장례 치르느라 서로 고생했으니 처남매부 간에 소주라도 한잔하자고 했어야 하는 것 아닌가. 나는 야멸차게 돌아가는 그들의 모습을 보면서 다시는 왕래할 일이 없을 것 같다고 곱씹었다. 어머니, 아버지는 아주 가끔 어색한 전화라도 하는 모양인데 나는 그럴 필요를 갖고 있지 않다.

  30센티미터 자가 살고 있었다. 자는 무엇이든지 그 길이를 재고 다니면서 온갖 폼을 잡았다. "넌 10센티미터고, 넌 겨우 3센티미터구나." 그때마다 자신의 생각보다 길이가 짧다고 느낀 물건들이 얼굴을 붉히며 사라졌다. 자는 그 모습을 보며 신이 났다. 그러던 어느 날 자는 저울을 만났다. 저울은 자를 보자마자 저울 위에 올려놓고 "넌 겨우 5그램이잖아. 별 볼 일 없는 놈이군" 하고는 가버렸다. 자는 너무나 기가 막히고 분했다. 자는 "네가 뭔데 남을 멋대로 평가해" 하며 욕을 퍼부었다. 그러다가 자는 자기도 역시 남을 함부로 평가하고 상처를 주었다는 것을 깨달았다.

출근길 무료신문에서 본 '상처'라는 제목의 짤막한 글이다. 내가 편협한 기준이나 너그럽지 못한 판단으로 고모와 고모부를 보았을 수 있다. 세월이 더 지나면 생각이 바뀔 수도 있을 것이다. 단지 그 세월이 얼마나 흘러야 할지는 모르겠다. 할머니가 쓰던 물건 가운데 남아 있는 것이 없다. 벽에 걸린 빛바랜 사진 한 장이 살고 가신 유일한 흔적이다. 나는 할머니 생각을 하지 않으려고 한다. 좀 더 잘 대해 드리지 못한 마음이 나를 위로하는 것 같아 그것도 죄송한 일이다.

할머니가 살아 계실 때는 매달 한 번씩이라도 원주에 내려갔다. 윤이는 태어난 지 두 달도 안 돼 할머니가 돌아가셔서 할머니를 한 번도 본 적이 없지만 은이는 자주 보았다. 요즘도 은이에게 "아빠 할머니 생각나니?" 하고 물으면 "작은 호 할머니 생각나요"라고 한다. 나는 내려갈 때마다 할머니에게 얼마간의 용돈을 드렸다. 교회에서 여행을 간다고 하거나 다른 무슨 일이라도 있다고 하면 더 드릴 때도 있었다. 사탕이나 과자도 한두 봉지 사서 가는 것도 잊지 않았다. 적다면 적은 액수지만 특별히 무엇을 살 것이 있는 것도 아니니 할머니에게 결코 적은 돈은 아니었을 것이다.

주일 헌금하는 데 옹색하지 않도록 해드린 것이다. 심방예배를 집에서 드리는 날이면 그 용돈으로 대접할 다과茶菓를 준비했다고 하며 기뻐하셨다. 교우들이 손자 덕분에 잘 먹고 간다고 하면 그보다 더한 기쁨이 없었을 것이다. 나는 할머니에게 3대 독자 귀한 손자였지만 생각만큼 사랑을 받지는 못했다. 할머니는 나보다 누나를 끔찍이 아끼셨다. 원주로 나와 할머니가 해주는 밥을 먹고 초등학교에 다닐 때 누나에게는 가끔 100원짜리 동전이라도 주었지만 내게는 그러지 않으셨다. 누나랑 싸움이 나도 항상 나를 나무라셨다. 그럴 때면 "왜 나만 미워하느냐"며 볼멘소리를 한 적도 많이 있었다.

 이유야 모르겠지만 할머니는 그랬다. 그래서 밉기도 했지만 그런 것들은 크면서 잊었다. 자꾸만 작아지고 늙어 가는 할머니를 보면서 그런 생각이 나도 모르게 사라졌다. 할머니는 할아버지에게 열아홉 살에 시집을 왔다. "나이가 많아 재취再娶로 들어갔다"고 했는데 그보다는 "포목점을 하던 할아버지에게 가서 밥 굶지 말라고 재취 자리로 보냈다"며 원망 섞어 하던 말이 더 맞는 것 같다. 할아버지가 1891년생이니 할머니와는 22년의 나이 차가 있다. 서른하나에 아버지를 낳고 사십이 가까워 고모를 낳았다. 아버지보다 먼저 낳은 자식이 있었는데 일찍 죽었다고 했다. 아버지가 어렸을 때 할아버지가 돌아가셨으니 반평생 이상을 홀로 사신 셈이다. 생전에 "나는 수절守節하고 살았으니 죽어서 할아버지 만나도 부끄럽지 않다"고 한 말도 잊을 수 없다.

중·고등학교 다닐 때 새벽기도를 다녀온 할머니는 내 방으로 들어와 날이 밝기를 기다리는 일이 많았다. 연탄불이 꺼지지는 않았는지 방바닥은 따뜻한지 보기 위해서였다. 겨울에는 이불 속에 손을 넣어 녹이기도 하고, 윗목에 앉아 기도를 하기도 했다. 그 기도 중간 중간에 "손자 욱진이를 하나님께서 보살펴 주시고, 공부도 잘하게 도와주십시오"라고 하는 말을 빼놓지 않았다. 낙진樂鎭이라는 이름 대신 어려서 나는 욱진이었다. 내가 태어나자 출생신고를 하러 면사무소에 간 할머니는 진鎭자 돌림으로 이름을 지어야 하는데 마땅한 것이 떠오르지 않자 낙진이라고 했다고 한다.

낙진은 먼 친척 되는 충주 제중병원 원장이 그 이름을 썼기 때문에 그리한 것 같다. 초등학교 3학년 때 낫에 반쯤 잘린 다리를 응급 처치했던 바로 그 병원 원장이 이낙진이다. 호적에는 낙진으로 올랐지만 불리기는 욱진으로 불렸다. 시골집을 지나던 도인 같은 노인이 "이 집의 아들 이름을 아침 해 욱旭에 보배 진珍, 욱진으로 해야 길하다"고 했기 때문이란다. 원주로 전학 오기 전인 10살까지 나는 이욱진이었다. 《선원속보》에는 돌림자 때문인지 욱진旭鎭으로 올라 있다. 집에서는 물론이고 학교에서도 욱진이었다. 원주로 전학 와서는 호적에 있는 대로 낙진으로 썼다. 시내에서는 호적 이름과 집 이름을 달리 부르는 것이 통하지 않았다.

장수長壽하는 사람들이 대부분 소식小食한다고 하는데 할머니도 마찬가지였다. 밥은 적게 드시고 대신 떡이나 과일을 좋아하셨다. 할머니는 과일 중에서도 참외를 특히 좋아했는데 성치 않은 이로 우물우물 넘기기에 적당해서 그런 것 같았다. 가끔 참외를 사다 드리면 반쯤 잘라 드시고 나중에 또 드신다며 아꼈다. "참외 정도는 얼마든지 사 드릴 수 있다"고 해도 욕심내지 않았다. 할머니가 천국으로 가신 지 어느덧 5년이 지났다. 지난 설에 할머니 묘를 찾았는데 곱고 따스한 햇살이 비추고 있었다. 목계강牧溪江도 그대로였다.

■■

쇼트트랙 경기로 채널을 돌리자 은이와 이 선생의 원성이 쏟아졌다. 하루아침에 교도소에 갇히게 된 슈퍼스타 야구선수 김제혁(박해수)의 감옥 생활 분투기〈슬기로운 감빵생활〉(tvN 16부작 드라마)을 다시보기로 시청하고 있는 은이와 이 선생에게 올림픽은 뒷전이다. 리모컨을 뺏긴 나는 휴대폰의 작은 화면에 만족해야 했다. 제23회 동계올림픽대회가 2월 9일부터 17일간 평창에서 열렸다. 우리나라는 1988년 하계 올림픽 이후 30년 만에 두 번째 올림픽을 치르게 됐다. 평창은 세 번의 도전 끝에 2011년 7월 열린 제123차 IOC총회에서 개최지로 선정됐다. 한계를 뛰어넘는 선수들의 감동 스토리가 '북한 김여정 방남' 등에 묻혀서인지 국민들의 관심은 기대에 미치지 못했다는 평가가 많다. 교도소라는 막다른 환경에서 결국 부활한 김제혁은 '인간다움'의 승리다. 사람을 사람으로 대하는 그의 슬기는 똘마니(안창환)를 울렸다. "저를 사람대접해 준 건 형님이 처음이었습니다."

남한강 목계나루는 1930년대 서울과 충주 사이에 충북선 철도가 놓이기 이전까지 남한강 수운 물류교역의 중심지였다고 한다. 일제 강점기까지만 해도 나루와 이어진 목계장터는 언제나 시끌벅적했다고 하는데 지금은 민물매운탕집과 수석水石 가게들만 간간이 눈에 띈다. 충주가 고향인 신경림申庚林 시인의 〈목계장터〉 시비詩碑가 어디쯤인가 있다. 오래전 엄정면에 사는 먼 친척집에 들렀는데 마당 한가운데 수석이 돌무덤처럼 쌓인 것을 보고 놀랐다. 들어보니 인근 사람들 모두 틈틈이 목계강에서 돌을 주워 수석 수집하는 사람들에게 팔고 있다고 한다. '김선달 이야기' 같은 것이라고나 할까. 나도 실제 강으로 나가 그럴듯해 보이는 돌 몇 점을 골라왔다. 애석인愛石人은 아니지만 그때 가져온 돌을 여태껏 갖고 있다. 할머니 산소에 갈 때면 배낭을 메고 강줄기를 걷는 사람들을 보게 된다. 유유자적 자연을 벗 삼아 돌을 찾는 이들이다.

9. 조상

■

 올 추석秋夕은 화요일이었다. 앞뒤로 연휴이니 월요일과 수요일도 쉬는 것이다. 게다가 주말이 앞에 있으니 휴일이 모두 5일이다. 격식에 맞는 것인지는 모르겠으나 귀경길 교통을 생각해 추석 전날 미리 산소山所에 다녀오고, 추석날은 차례를 지낸 후 곧바로 올라오기로 했다. 어머니는 산소로 오르는 길에 풀이 너무 우거져 은이와 윤이는 데려가기 어렵다며 조카 세민이만 데리고 다녀오라고 한다. 아버지와 세민이를 차에 태우고 산소로 향했다.

 들녘의 벼들은 어느덧 누렇게 익어 고개를 숙이고 있었다. 원주 명륜동 집에서 산소가 있는 충주 소태면까지는 차로 30분 거리다. 역시 산소 가는 길에는 풀이 무성해 앞으로 나아가기가 여간 힘이 든 것이 아니다. 긴 나무 막대기를 주워 이리저리 풀을 치면서 길을 열었다. 가시덤불을 뚫고 힘겹게 따라오는 세민이에게 묻는다. "할머니가 세민이 많이 예뻐했는데 기억나니?" 세민이에게는 외증조할머니다. "예." 초등학교 6학년으로 제법 소년티가 나는 세민이는 의젓하게 대답한다. 절을 하고 사방을 둘러본다. 산 아래 목계강과 멀리 충주 시내가 눈에 들어왔다.

세민이에게 일러준다. "여기 산소에는 외증조할아버지와 외증조할머니가 모셔져 있다." 세민이가 여덟 살 때 외증조할머니는 돌아가셨다. 외증조할아버지는 내가 태어나기도 한참 전에 돌아가셨으니 까마득한 옛날이다. 커가면서 얼굴 한번 본 적 없는 외증조할아버지와 어려서 본 외증조할머니를 생각하는 일은 별로 없을 것이다. 나도 마찬가지다. 할머니는 함께 살았으니 이것저것 추억할 거리가 뭐라도 있다지만 할아버지의 존재에 대해서는 제대로 알지 못한다. 할머니로부터 "할아버지가 살아서 욱진이 커가는 모습을 보았으면 얼마나 대견해하셨을까"라고 하는 말을 들은 것이 유일하다.

할아버지 묘墓와 얼마 떨어지지 않은 곳에 증조할아버지 묘도 있다. 벌초伐草는 한 주 전에 아버지가 미리 깔끔하게 해둔 상태다. 할아버지와 증조할아버지 성묘를 마치고 돌아왔다. 돌아오자마자 나는 세민이와 은이를 옆에 앉히고, 마루 책장에 들어 있는 《선원속보》를 꺼냈다. 너무 두껍고 어렵다는 느낌부터 든다. 음音도 모르는 한자가 나오면 숨이 막혀온다. 첫 장을 넘기니 전주이씨석보군파대동속全州李氏石保君派大同續이라고 적혀 있다. 석보군파 족보라는 뜻이 아닐까 싶다. 1981년 발행됐으며 상·하 각 3권으로 되어 있다.

상 1권에는 시조始祖 석보군石保君부터 나온다. 석보군은 정종대왕제9남定宗大王第九男이라고 나와 있다. 출생부터 벼슬, 돌아가신 날짜까지 상세하다. 정종이면 조선을 건국한 태조太祖의 둘째 아들이자 조선의 제2대 왕 아닌가. 세민이와 은이에게 좀 더 자세한 설명을 해주기 위해 인터넷에 검색하기로 했다. 네이버NAVER 검색창에 정종이라고 치며 세상이 어디까지 좋아질 것인가 하는 생각이 들었다.

정종(1357~1419, 재위 1398~1400). 태조의 둘째아들. 비妃는 김천서金天瑞의 딸 정안왕후定安王后. 성품이 인자하고 용기와 지략이 뛰어나 고려 때 아버지를 따라 많은 전공을 세웠다. 조선 개국 뒤 영안군永安君에 책봉되었고, 1398년(태조 7년) 제1차 왕자의 난으로 세자에 책봉되었다. 태조의 양위를 받아 왕위에 올랐는데 신도新都 한양漢陽에서의 골육상쟁, 즉 제1차 왕자의 난을 상기하여 구도舊都 개경開京으로 돌아갔다. 1400년 제2차 왕자의 난이 수습된 뒤 실세인 동생 정안군靖安君 이방원을 왕세제로 삼고 왕족·권신權臣 등이 기르던 사병私兵을 폐지하여 산군부三軍府에 편입시켰다. 하륜河崙의 건의에 따라 관제를 개혁하고, 한양의 5부에 각각 학당学堂을 설립하였다. 즉위한 지 2년 만에 정안군에게 왕위를 물려주고, 상왕上王으로 추대되었다. 능은 개풍군의 후릉厚陵이다.

정종을 알아보았으니 다음은 석보군을 찾을 차례다.

석보군은 정종대왕의 9남으로 어머니는 숙의淑儀 해평윤씨이다. 휘는 복생福生, 호는 검묵당儉黙堂, 시호는 정혜靖惠다. 1399년(정종 1년) 3월 4일 태어나 1447년(세종 29년) 2월 20일 별세하였다. 본성이 청렴검소하고 효성과 우애가 돈독하며 학문에 통달한 대문장가였다. 그러나 관직에는 뜻이 없어서 산간에 은거하며 세상일에 관여치 않은 도학군자였다. 당시는 개국 초여서 조정이 어수선하였다. 정종대왕이 왕위를 동생 태종대왕에게 물려준 뒤 상왕이 되어 풍덕 제릉 어머님의 묘소 밑에 은거할 때 석보군은 형 수도군守道君과 함께 따라가 부왕을 모실 적에 늘 공경하고, 정성을 다하여 봉양하였으며 조석으로 문안을 드렸다. 석보군은 검묵儉黙을 생활신조로 삼았기 때문에 당시 사람들은 검묵공자라고 일컬었다. 이로 인하여 검묵을 당호로 삼았다. 석보군의 산소는 경기도 양주군 미아리 불당동 유좌원에 모셔졌다가 1959년 2월 25일 충북 충주시 소태면 양촌리 묵방산록으로 면례緬禮하였다. 배위는 원주김씨로 판중추부사 대경공戴敬公 연지連枝의 딸이고, 학성군부인鶴城郡夫人이다. 석보군의 어머니 숙의는 정종대왕 부인의 한 사람이며 해평윤씨 대사헌 방언邦彦의 딸이다. 1368년(공민왕 17년) 1월 14일에 태어나 1417년(태종 17년) 10월 1일 별세하였다. 4왕자 2옹주를 낳았는데 수도군·임언군林偃君·석보군·장천군長川君과 인천옹주仁川翁主·함안옹주咸安翁主이다.

  석보군을 검색하니 수많은 페이지가 나오는데 그중 알아듣기 쉬운 내용을 추려 읽어주었다. 그래도 어렵기는 마찬가지다. 이것저것 살펴보니 정종은 정안왕후定安王后 김씨金氏, 성빈誠嬪 지씨池氏, 숙의 지씨池氏, 숙의 기씨奇氏, 숙의 문씨文氏, 숙의 윤씨尹氏, 숙의 이씨李氏, 후궁後宮 한 명 등 모두 여덟 명의 부인을 두었으며 이 부인들에게서 15남 8녀의 자녀를 얻었다. 석보군은 숙의 윤씨에게서 태어난 왕자로 정종의 15남 가운데 9남이다. 그렇다면 왕후王后, 빈嬪, 숙의 등은 무엇인가. 이것도 알려 줘야 할 것 같은데 세민이와 은이는 지루하기 그지없는 모양이다. 자꾸만 딴청을 피운다. 먹고 싶은 것 하나씩 사주겠다며 참으라고 한다.

  왕후는 임금의 정비正妃가 죽은 후에 추시追諡된 존칭을 말한다. 빈이나 숙의는 내명부內命婦의 품계인데 내명부는 조선시대 궁중에서 봉직한 빈·귀인貴人·소의昭儀·숙의 등을 통틀어 일컫는 여관女官의 명칭이다. 내명부의 기능은 내관과 궁관으로 크게 나누어지고, 품계에 따라 각기 고유한 직무가 부여되었다. 내관은 정1품 빈·종1품 귀인·정2품 소의·종2품 숙의·정3품 소용昭容·종3품 숙용淑容·정4품 소원昭媛·종4품 숙원淑媛 등 정1품에서 종4품까지의 왕의 후궁이다. 후궁은 신분이 좋은 가문에서 정식으로 맞아들인 경우와 한미寒微한 집안 출신의 궁녀가 왕의 성은聖恩을 입은 후 되는 경우가 있었다. 이들은 직무를 가지지 않았으나 이들 가운데 왕의 총애를 받아 왕자를 낳은 경우에는 궁중에 그 세력을 키워 때로 왕위계승을 둘러싸고 궁중 안에 분규를 낳기도 하였다. 궁관은 정5품 상궁尙宮에서 종9품인 주변관奏變官에 이르는 궁녀로서 종4품 이상의 품계에는 오르지 못하였다. 이들은 일정한 직임·품계를 가지고 국가로부터 녹을 받고 궁중의 살림살이를 도맡은 핵심 계층으로 위로는 왕비와 내관을 받들고, 아래로는 품계가 없이 궁중의 잡역에 종사하는 하층 궁녀를 지배하였다.

 잠깐 쉬어야지 더 이상은 안 되겠다. 은이와 윤이에게는 주말에만 30분씩 컴퓨터를 쓰도록 하면서 아무리 아빠와 함께 하는 공부라고 하지만 너무 오랫동안 붙들고 있었다. 세민이와 은이에게 슈퍼마켓을 가자고 하며 손을 잡고 나서는데 윤이가 언제 나타났는지 옆에 나란히 서서 따라오고 있다.

"세민아, 너무 어렵지?" "무슨 말인지 하나도 모르겠어요."
"글쎄 말이다. 사실은 외삼촌도 어렵기는 마찬가지야. 그렇지만 한 번쯤은 알아봐야 하는 것이니까 맛있는 아이스크림 하나씩 먹고 가서 조금만 더 하자. 이번에는 좀 더 쉽게 설명해 줄게." 세민이가 고개를 끄덕였다. "지은아, 너도 무슨 말인지 모르겠지?" "왜 전부 다 한문으로 되어 있어요?" "그러게 말이다. 요즘의 족보는 꼭 한자로만 하지 않고, 한글과 한자를 함께 써도 좋을 것 같은데 말이다." 답이 궁색하다.

언제 보아도 윤이가 아이스크림 먹는 모습은 재미있다. 하도 아껴 먹다 보니 녹아서 흘러내리기 일쑤다. 한입만 달라고 하면 많이 먹을까 봐 입에 닿을 듯 말 듯 내민다. '욕심 멍멍이' 이야기를 꺼내려고 하자 윤이가 다 알고 있다며 달아난다. 다시 그 두꺼운 《선원속보》를 펼치니 아이들은 고사하고, 나도 읽어 볼 엄두가 나지 않기는 마찬가지다.

세민이와 은이에게 내 이름부터 찾아 보여 주기로 했다. 나의 이름은 하 5권에 있다. 18대에 욱진旭鎭으로 무신 9월 26일생戊申九月二十六日生이다. 무신년은 1968년이다. 아버지, 즉 은이의 할아버지는 내 바로 위 칸 17대에 있다. 기철基喆 임오 4월 20일생壬午四月二十日生 취 김씨娶 金氏 경주인부옥성慶州人父玉成 계미 11월 15일생癸未十一月十五日生으로 되어 있다.

"은아, 여기에 아빠 이름과 할아버지 이름이 나오는데 들어

봐. 아빠는 아까 말한 것처럼 석보군의 18대 후손이야. 그러면 은이와 윤이는 19대 후손이 되겠지?" "네~." 목소리가 커진 것을 보니 아이스크림 효과가 조금은 나타난 듯하다.

"할아버지 이름은 기철이라고 나와 있지. 이기철 할아버지는 석보군의 17대 후손이고, 경주김씨를 부인으로 얻었대. 경주김씨는 누굴 말하는 거지?" "외할머니요." 세민이가 먼저 대답한다. "세민이 오빠가 맞췄다. 경주김씨는 할머니 김춘자야. 할머니의 아버지 이름도 나오네. 할머니의 아버지는 옥성이야 김옥성. 그분이 아빠한테는 외할아버지란다."

"외삼촌, 외할머니 이름은 수민인데 김수민?" 세민이가 엄청난 사실을 발견한 것처럼 의기양양하게 말했다. 어머니가 춘자春子라는 이름이 촌스러워 창피스럽다며 언젠가 수민이라는 이름을 쓰겠다고 한 것을 세민이가 들었나 보다. "그래, 원래는 김춘자였는데 할머니가 예쁜 이름 갖고 싶다고 김수민으로 바꿨대. 너희들도 누가 할머니 이름 물으면 김수민이라고 해. 그러면 할머니가 좋아하실 거야."

"세민아, 외할아버지가 태어난 임오년은 몇 년을 말하는 것이냐 하면 1942년이다. 외할머니는 계미 11월 15일생으로 되어 있는데 사실 외할머니는 1943년 계미년癸未年이 아닌 1945년 을유년乙酉年 생이다. 외할아버지가 올해 66세이고, 외할머니가 63세이니까 아마도 책을 만드는 과정에서 잘못 오른 것으로 보인다."

"이제 아빠의 할아버지로 은이의 증조할아버지 되는 분을 보자. 아빠의 할아버지는 석보군의 16대 후손이겠지. 이름은 관용寬容이고, 자字는 구용九容이다. 신묘년辛卯年 7월 18일에 태어나 1961년 신축년辛丑年 7월 18일에 돌아가셨다. 딱 71세를 사셨구나. 부인은 양씨이고, 임자년任子年 8월 13일생이다. 양씨의 아버지는 남원인부한경南原人父漢景이다."

"자가 뭐예요?" 모처럼 은이가 묻는다. "응, 자는 본래 이름 외에 부른 이름이란다. 예전에는 이름을 소중히 여겨 함부로 부르지 않았던 관습이 있어서 흔히 장가든 뒤에 원래 이름 대신 자를 이름처럼 불렀대. 그럼 부인 양씨는 누군지 알겠니. 아빠의 할머니 그러니까 은이의 증조할머니야. 남원인부한경은 증조할머니의 아버지 이름이 한경이었다는 말이다."

세민이와 은이는 더 이상 못 참겠다는 표정이다. "정말 마지막이다. 아빠의 증조할아버지이자 은이의 고조할아버지 한 분만 더 알아보고 끝내자. 그분은 석보군의 15대 후손으로 이름은 동식東軾이고, 자는 성흥成興이다. 1872년 임신년壬申年 7월 18일에 태어나 1898년 무술년戊戌年년 9월 17일에 돌아가셨다. 부인은 전씨全氏인데 역시 임신년생이다. 부인의 아버지는 경주인父慶州人父라고만 되어 있고 이름은 빠져 있다. 무과선달武科先達이라는 것도 적혀 있네. 무과선달이라고 하는 것은 무과에 급제

及第했으나 벼슬은 하지 않은 사람을 말한다. 이 책의 기록을 보니 아빠의 증조할아버지는 스물일곱 살의 나이에 돌아가셨구나. 요절夭折했으니 벼슬을 못 했겠지."

아이들만 머리가 아픈 것이 아니다. 나도 죽을 지경이다. 쉽게 풀어보겠다고 시작한 것이 오히려 어렵게 만든 것 같다는 생각마저 든다. 정승政丞, 판서判書 스토리도 없으니 이 녀석들 기억에 얼마나 남을지도 모를 일이다. "세민이하고 은이는 오늘 고생 많이 했다. 공부 끝났다. 나가서 놀아라."

올라갈 채비를 해야 할 것 같다. 어머니는 또 필요 이상으로 짐을 꾸리는 것 같다. 말린 고추를 기름에 튀겨낸 고추부각을 잘 먹는 것 같으면 해놓은 것을 다 싸준다. 부침개 몇 조각 집어 먹으면 그것도 있는 대로 담는다. 송편은 냉동실에 넣어두면 안 먹게 된다며 한 번 먹을 것만 달라고 해도 서너 봉지에 나눠 담아준다. 파, 마늘 다듬은 것까지 오밀조밀한 그릇이 넘쳐난다. 이 선생이 미리 준비한 봉투를 내밀며 "맛있는 것 좀 사드세요"라고 한 후 차에 올랐다. 은이와 윤이는 할아버지가 준 지폐 한 장씩을 들고 신이 났다.

■■

경북 의성에 전국 최대 규모의 족보박물관이 들어설 모양이다. 의성군은 한국족보문화재단과 업무협약을 맺고, 20억 원의 사업비를 들여 올해 말까지 옛 단밀중丹密中 자리에 족보박물관을 건립하기로 했다고 한다. 3만 5,000여 권에 이르는 문중 족보와 왕실 족보를 구비하고, 한국의 뿌리문화인 족보문화 계승 발전을 통해 정신문화사업을 활성화한다는 계획이다. 족보박물관이 처음은 아니다. 대전 침산동 '뿌리공원'에 있는 한국족보박물관은 2010년에 문을 열었다. 족보에 관한 다양한 콘텐츠를 통해 우리의 뿌리를 되돌아보게 하는 의미 있는 박물관이다. 이 박물관에서는 일반인을 대상으로 하는 '족보대학'부터 부모와 자녀가 함께 족보의 구성과 읽는 방법 등을 배울 수 있는 '신비한 족보 사전' 등의 프로그램도 운영하고 있다. 몇 해 전 보문산 인근에서 막걸리에 보리밥으로 늦은 점심을 먹고 잠시 들렀던 기억이 새롭다. 나들이하기 좋은 곳이다.

성종 때 지리서 《동국여지승람》에 따르면 후백제의 충청도 목천 사람들이 끝까지 투항하지 않고 버티자 왕건은 이들에게 상象, 우牛, 장獐 등과 같은 희귀성을 부여했다. 코끼리, 소, 노루의 동물 이름을 내린 것이다. 왕건의 노여움이 컸음을 보여 준다. 물론 후에 상尙, 우于, 장張으로 바뀌게 된다. 목천을 본관으로 하는 이들 성은 멸문지화에 가까운 고초를 겪은 탓인지 고려를 거쳐 조선시대에도 이렇다 할 인물을 찾기 힘들다고 한다. 유일한 예외가 명종 때 영의정까지 오른 상진^{尙震}이다. 한미한 가문에서 태어났지만 문무와 이재^{吏才}에 능했기에 곡절을 이겨내고 재상^{宰相}이 된다. 그는 때로 현실권력과 타협했지만 청렴^{淸廉}했기에 권간^{權奸}의 비난도 피할 수 있었다. 상진은 죽음을 맞아 자식들에게 "묘비는 세우지 말고 짤막한 갈^碣을 세워 '공은 늦게 거문고를 배워 일찍이 감군은^{感君恩} 한 곡조를 연주하였다'라고만 쓰면 족하다"고 했다. 인물이다.

10. 라면

국도를 타고 올라오기로 한 것은 잘한 결정이었다. 귀경길 정체가 극심할 것 같아 차례를 지내고 서두른 탓도 있지만 나란히 지나는 고속도로에 비해 훨씬 막힘이 없었다. 은이와 윤이는 차에 타면서부터 기영이를 틀어 달라고 노래를 부른다. 기영이는 만화영화 〈검정 고무신〉의 주인공 이름이다. 은이와 윤이가 하도 좋아하기 때문에 내비게이션에 몇 편을 다운받아 두고 장거리 이동할 때 가끔 틀어준다. 〈검정 고무신〉은 1960년대 후반 서울에 살고 있는 초등학생 기영이와 중학생 형 기철이를 중심으로 동심童心의 이야기를 그려내고 있다.

이우영 만화가의 작품으로 1999년부터 2005년까지 1~3기가 KBS를 통해 방영됐다. 1기, 2기라고 한 것은 요즘으로 치면 시즌 1, 시즌 2 등의 표현인 것 같다. 어린이에게 큰 인기를 끌자 몇몇 케이블TV에서 재방송을 했는데 이때 은이와 윤이 가 보고 재미를 붙인 것이다. 원주로 전학 오기 전까지 1년 내 내 검정고무신을 신고 산 나는 기영이가 나 같기도 하고, 기철 이가 나 같기도 하다. 만화 속에서 경주와 다혜 모두 기영이를 좋아한 것처럼 두 여학생의 사랑을 한 몸에 받은 경험은 없지 만….

>One! Two! One! Two! Three! Four!
>할아버지 할머니 어렸을 적에
>신으셨던 추억의 검정고무신
>엄마 아빠도 어릴 적 신던
>헐렁하고 못생긴 검정고무신
>지금 다시 생각해 보면
>웃지 못할 이야기 정다운 얘기
>……….

신나고 경쾌한 주제곡이 흘러나오자 은이와 윤이는 내비게 이션 속으로 들어갈 것처럼 빠져들었다. "몇 번이나 봤으면서 아직도 재밌니?" "네." 대답 소리도 기영이와 기철이만큼 우렁 차다. 내비게이션에서는 기영이와 기철이가 라면을 하나 얻어 먹기 위해 펼치는 코믹한 이야기가 전개되고 있다. 나도 몇 번 보았는데 웃음이 절로 나오면서 옛 생각이 떠오른다. 나는 요즘도 라면이라면 자다가도 벌떡 일어난다. 누가 밥 먹자고 하면서 좋아하는 음식이 뭐냐고 물으면 라면이라고 답을 하려다가 묻는 사람 입장을 생각해서 참는 경우가 많다. 라면을 처음 먹어본 것은 만화영화 속의 기영이와 같은 시절일 것이다.

초등학교 2학년 가을이 틀림없다. 가을걷이가 한창일 때였다. 마당에서는 탈곡기 돌아가는 소리가 요란하게 들리고, 어른들은 아침부터 일손을 바삐 움직였다. 점심을 먹고 얼마나 지났을까. 또래 아이들과 이리저리 뛰어다니며 놀던 나는 부엌에서 새참을 준비하는 어머니를 보고 깜짝 놀랐다. 어머니는 말로만 듣던 그 라면을 끓이려 하고 있었다. 그때까지만 해도 라면이라는 것을 직접 본 적은 없었다. 처음 보았지만 그러한 것이 있다는 소문은 어디선가 들었다. 기영이가 라면 먹는 것을 보며 군침 흘리듯 나도 군침을 흘렸다. 꼬불꼬불한 국수 같은 것이 공책 반절만 한 크기였다. 저것이 라면이라는 것이구나 하는 생각에 가슴까지 벌렁거렸다.

"엄마, 우리도 줄 거지?" "그래, 그런데 욱진이는 가서 막걸리 받아와라." 이 시점에 무슨 심부름이란 말인가. 가마솥에 라면이 들어갈 참인데 심부름이라니 정말 기가 막혔다. 그렇다고 안 다녀올 수는 없는 일이었다. 짐 싣는 큰 자전거 뒷좌석에 주전자를 묶고 아랫마을 술가게로 달렸다. 매일 다니던 길이 그날따라 너무나 멀게 느껴졌다. 마음은 급한데 술집 주인마저 없었다. 가게 주변을 헤매서 주인을 찾았다. 술 한 주전자를 받아 싣고 넘쳐흐르거나 말거나 신경 쓰지 않고 페달을 밟았다. 머릿속에는 내가 먹을 것이 남아 있을까, 다 먹어 버린 것은 아니겠지 하는 생각밖에 없었다.

술집까지 왕복에 반시간 이상은 걸렸을 것이다. 응달 멍석 위에서는 어른들이 새참을 먹고 있었다. 술 주전자를 넘긴 나는 내 라면이 어디 있을까 하고 큰 눈을 더 크게 떴다. "엄마 내 라면은?" "부뚜막에 있다." 정말 부뚜막에 라면이 있었다. 스뎅 밥그릇에 담겨 스뎅 국그릇으로 덮여 있는 라면, 국물은 하나도 없었다. 퉁퉁 불은 라면은 두부처럼 굳어 있었지만 원래 그런 것인 줄 알았다. 젓가락 대신 수저로 퍼먹었다. 부엌에 선 채로 눈 깜짝할 사이에 먹어 치웠다.

라면은 신세계였다. 라면은 내가 사는 이곳이 아주 작은 촌동네일 것이고, 10리 밖으로는 분명 다른 세상이 있을 것이라는 확신을 심어 줬다. 그것은 미군 건빵이나 쫀득이와는 차원이 다른, 중학생 때 나를 기겁하게 만든 삼중당三中堂 세계와 견줄 만한 충격이었다. 이전까지 나는 하루 두 번 학교 앞을 지나가는 버스 뒤꽁무니에서 풍기는 기름 냄새 정도가 세상 밖의 무엇일 것이라고 짐작했다. 새로운 세상을 꿈꾸게 해준 라면,

그 경외敬畏를 늘 가슴에 담고 산다.

그 뒤부터 내가 가장 좋아하는 음식은 라면이 됐다. 하지만 먹는 것은 둘째 치고 구경하는 것조차 쉽지는 않았다. 새참으로 라면을 끓이는 일이 자주 있는 것은 아니었다. 라면 대신 그보다 값이 싼 국수나 수제비가 주된 새참이었다. 원주로 전학을 온 다음에는 구멍가게마다 쌓여 있는 라면을 쉽게 볼 수 있었지만 사 먹는 것은 가당치 않았다. 할머니에게 먹고 싶다고 사정을 하면 라면 하나에 국수를 함께 넣고 끓여서 누나와 같이 먹도록 했다. 그것이라도 먹는 날은 엄청 행복했다. 라면을 부숴 스프를 뿌려 먹는 아이들을 보면 너무나 부러웠다.

윤이가 우리도 라면을 먹고 가자고 한다. 윤이 말이 아니더라도 라면 파는 곳이 나타나면 차를 세울 작정을 하고 있었다. 고속도로를 탔으면 휴게소에서 먹을 수 있을 텐데 국도변에서는 좀처럼 파는 곳을 찾기 어려웠다. "가다가 있으면 먹고 가자." 그렇지만 용인까지 접어들었는데 분식집마다 문을 닫았다. "안 되겠다. 집에 다 와가니까 집에 가서 먹자." 아빠를 닮아서인지 은이와 윤이도 라면을 무척이나 좋아한다. 이 선생은 몸에 좋을 것이 없다며 어지간해서는 라면을 주는 법이 없다. 은이와 윤이는 엄마가 늦는 날이면 아빠에게 라면을 먹자고 유혹한다.

직장을 그만두면 하고 싶은 일이 두 가지가 있는데 하나는 라면가게이고 또 하나는 세차장이다. 라면이 쉽게 조리할 수 있는 음식은 아니다. 이것저것 많이 넣는다고 해서 맛이 좋아지지 않는다. 물 조절, 불 조절에 시간과의 싸움이다. 과학과 역사의 만남을 생각하는 정도(?)에 이르러야 무례를 면하게 된다.

요즘 분식집에서 파는 라면을 보면 여러 이름이 붙어 있다. 떡라면, 만두라면, 김치라면, 치즈라면, 돈까스라면, 황태해장라면은 흔한 것들이다. 테마라면 전문점에서는 눈물라면, 독도라면, 빨갱이라면, 바다가육지라면 등 흥미로운 이름의 메뉴도 등장했다. 대학가에서는 퓨전라면이 인기를 끈다고 한다. 이런 곳에서는 신계치(신라면+계란+치즈)나 짜계치(짜파게티+계란+치즈) 같은 메뉴를 파는 모양이지만 먹어보진 못했다.

아무튼, 라면가게를 열면 이름은 '내 인생의 라면'으로 할 작정이다. 나는 중·고등학교를 집에서 멀리 떨어진 학교에 다녔다. 버스나 자전거로 30분은 걸렸다. 눈과 비가 오는 날이 아니면 주로 자전거를 타고 다녔다. 비가 많이 와 버스를 타야 할 때도 어지간해서는 타지 않았다. 버스비 아낀 돈으로 종종 라면을 사 먹었다. 교복 주머니에 부순 라면을 넣고 집으로 걸어오면서 야금야금 꺼내 먹으면 그 맛이 기막히게 좋았다. 고등학교 3학년 때 야간 자율학습을 마치고 10시가 넘어 집에 오면 어머니는 미리 냄비에 물을 맞춰 놓고 기다리다 불을 댕겨 주었다. 라면 하나를 게 눈 감추듯 먹고, 남은 국물에 밥까지 한 공기 말아 먹어야 행복한 하루가 됐다.

집에 도착할 때쯤 큰동서에게서 전화가 왔다. 신고 온 짐이 있으니 들르겠다고 한다. 큰동서의 본가本家 역시 순천이다. 큰동서도 차 막힐 것을 대비해 일찍 귀경에 나서 안성安城을 막 지난 모양이다. 추석을 맞아 본가에 간 큰동서는 이웃한 처가에 들러 우리 집에 보내는 먹거리까지 가져오는 수고를 때마다 하고 있다. "현관문 비밀번호 알려드릴 테니 일찍 도착하면 들어가 계십시오. 저희도 곧 당도합니다." 큰동서와 처형, 민규는 우리보다 먼저 와 있었다. "식사 안 하셨죠. 추석이라 기름진 음식 많이 먹었으니 라면이나 먹죠?" 두 집 식구들이 라면으로 늦은 점심을 먹으며 큰동서와는 어느덧 소주잔을 부딪치고 있었다.

처형의 남편 신희준申熙俊은 큰동서, 처제의 남편 김남훈金南勳은 작은동서이다. 처형 이세라李世羅는 이 선생보다 두 살 많고, 처제 이세미李世美는 네 살이 어리다. 이 선생이 올해 서른다섯이니 처형은 서른일곱이고, 처제는 서른하나다. 처형은 손윗사람이라 조금 어렵게 느껴지는 부분이 있기도 하지만 처제는 지금도 이름을 부를 정도로 흉허물이 없다. '마누라가 이쁘면 처갓집 말뚝에도 절을 한다'는 속담이 있듯이 이 선생을 예쁘게 보니 처형이나 처제도 예뻐 보이고, 큰동서나 작은동서도 더없이 친근하게 생각된다.

큰동서는 처형과 동갑내기로 연세대학교를 나와 산업은행에 근무하고 있다. 이 선생과 내가 데이트를 시작하고 얼마 지나지 않아 처형과 교제 중인 큰동서를 처음 만났는데 그때나 지금이나 한결 같은 사람이다. 처가에 하는 것을 보면 맏사위로서 손색이 없다. 여섯 살 된 아들 민규敏圭가 있다. 작은동서는 조선대학교를 졸업하고 광주에서 법원法院 공무원 생활을 하고 있다. 나이는 처제보다 한 살 많은데 친구처럼 아기자기하게 사는 모습이 보기 좋다. 아직 아이가 없으나 내년쯤에는 소식이 있을 것이라고 한다. 큰동서뿐 아니라 작은동서도 사람 좋기는 매한가지다.

　그러고 보니 이 선생 집안의 동기同氣들이 큰소리 한번 내는 것을 보지 못했다. 동생들은 매사에 오빠의 말을 따르고, 서로 다른 의견이 있어도 강하게 주장하지 않는다. 처제보다 나이 어린 새언니를 존중함에도 부족하지 않다. 자식들이 의좋게 지내는 모습은 장인어른과 장모님에게 그 어떤 선물보다 기쁠 것이다. 형제들의 사이가 좋아야 며느리나 사위들 마음이 편하다. 어려서부터 나는 배필配匹의 첫째 조건으로 형제자매가 많은 집안의 사람이면 좋겠다는 생각을 갖고 있었다. 우리 집은 누나와 단둘이다 보니 언제나 외로운 형상形狀이었다. 게다가 아버지도 이웃보다 가깝지 못한 여동생만 하나 있었으니 그러한 바람은 절실하기까지 했다.

　형제가 없어 특히 마음이 편치 않을 때는 추석과 설 같은 명절

때이다. 명절을 맞아 집안이 평소보다 북적대지는 못할망정 독실한 기독교 신자로 제사 지내는 것을 원치 않는 할머니와 그렇지 않은 부모님의 관계로 오히려 더 냉랭한 것이 현실이었다. 할머니는 당신의 방에서 기도하는 것으로 차례를 갈음하고, 어머니와 아버지는 할머니 모르게 절을 올렸다. 이러지도 저러지도 못하는 누나와 나는 양쪽을 오가며 눈치를 봐야 했다. 누나가 출가한 뒤로 똑같은 상황을 혼자서 맞아야 했을 때는 형제 없는 것이 서러워 눈물이 날 지경이었다.

이제는 할머니가 돌아가셨으니 다 옛일이 됐고, 은이와 윤이 덕분에 가족 수는 그때보다 한 명 늘었다. 멀지 않은 곳으로 시집간 누나가 세민이와 세아를 데려오기라도 하면 10명은 된다. 사정이 이렇다 보니 이 선생에게 오빠와 언니, 동생이 있다는 것이 얼마나 다행인지 모른다. 물론 집안의 대사가 아니면 이들 내외가 다 함께 모인다는 것도 쉬운 일이 아니지만 형제가 많다는 자체가 큰 위안이 된다. 지난해 장인어른과 장모님의 회갑을 맞고 보니 역시 형제가 많으면 든든하다는 것을 알 수 있었.

주민등록상 장인어른은 1946년생, 장모님은 1947년생으로 되어 있지만 실은 두 분이 병술丙戌년에 태어난 동갑同甲이다. 장인어른은 봄, 장모님은 가을에 회갑연을 가졌다. 지금 세상에 누가 회갑잔치를 하느냐며 만류한 탓에 자식들과 가까운 친척들이 모여 식사하는 것으로 대신했다. 자식들이 공평하게 얼마씩 갹출醵出해 식사를 대접하고, 며칠간 제주도로 여행을 보내 드렸다. 거창하게 한 행사는 아니었지만 자식이 혼자라면 감당하기 곤란할 법도 한 일이다.

장인어른 회갑연은 일식집에서 치렀다. 장인어른과 장모님이 다니는 교회의 목사님을 비롯해 친인척 70여 명이 모였다. 처남이 대표로 인사를 올렸다. "오늘 저희 아버님 회갑연에 참석해 주신 여러분께 자식들을 대표해 진심으로 감사드립니다. 모두 아시겠지만 저희 아버님께서는 평생을 가족과 자식들만을 위해 헌신하셨다고 해도 과언이 아닙니다. 앞으로도 더욱 건강하시고, 자식들이 잘사는 모습을 보여 드리는 것으로 그동안 받은 은혜에 보답하도록 하겠다는 말씀을 드립니다." 인사를 마치자 목이 메는 듯했다.

장인어른과 장모님이 함께 촛불을 끄신 후 은이와 윤이, 성준이와 성민이, 민규가 생신 축하 노래를 합창했다. 참석한 어른들에게 술 한 잔씩 드리고 또 주는 술을 받아 마셨다. 술이 몇 순배巡杯 돌아가자 여기저기서 자식들 기특하다는 소리가 나왔다. 술을 넙죽넙죽 받아 마실수록 칭찬은 커졌다. 식사를 끝내고 집에 돌아와서도 술자리는 계속됐다. 사위 셋의 역할은 즐겁게 술 마시는 것 말고는 별것 없었다. 취해 버린 나는 자리 지키는 것이 몹시 힘들었다. 장모님 회갑 때는 술 좀 덜하겠다고 이 선생과 약속했지만 역시나 만취漫醉했다. 술 줄인다는 것만큼 하나 마나 한 다짐도 없는 것 같다.

장인어른 함자銜字는 이재정李在鋌, 장모님은 이영임李永任이다. 장인어른은 경주慶州이씨, 장모님은 광주廣州이씨다. 철도기관사로 정년퇴직한 장인어른은 술은 입에도 대지 않고, 돈 드는 취미는 알고 있지도 못하다. 철도공무원 월급으로 자식 넷을 대학공부 시켰으니 살림의 곤궁함이 어떠했을지 짐작하고도 남는다. '사위 사랑은 장모'라는 말이 괜한 말 아니라는 것을 보여 주듯 장모님은 언제나 나를 식도락食道樂에 빠지게 한다. 서대회 무침은 가히 일품이고, 새벽 시장에서 사 온 싱싱한 낙지를 먹기 좋게 잘라 두들겨 낸 낙지탕탕이는 아침부터 술잔을 들지 않을 수 없게 한다. 명태대가리전은 막걸리 안주로 최고다. 또한 배추김치, 무김치, 갓김치에 고들빼기김치까지 철마다 김치를 담가 보내주는 수고를 한 해도 거르지 않는다.

■■

프랑크푸르트에 나가 있는 큰동서가 헝가리 주재원을 할 때 방학을 맞은 이 선생은 장인어른과 장모님을 모시고, 딸들과 함께 28일간의 일정으로 헝가리를 다녀왔다. 비행기 표 값만 해결하고 다섯 식구가 큰동서 집에서 머물며 체코, 슬로바키아, 오스트리아, 폴란드 등 중유럽 곳곳과 프랑스까지 여행할 기회를 가진 것이다. 큰동서는 일부러 휴가를 내고, 미니버스를 렌트해 손수 운전하며 가이드 역할을 했다. 은이가 중2, 윤이가 5학년 때이니 6년 전이다. 딸들은 그때의 세계여행이 지금도 생생하다고 한다. 장기간의 휴가는 꿈도 꿀 수 없는 나는 한 달여 동안 혼자 살아보는 시간을 얻은 것으로 만족했다. 작은동서는 아이가 생기지 않아 애를 태우다 어렵게 딸 나윤娜珆이를 얻었다. 일곱 살의 나윤이를 보면 우리 딸들 커가는 모습을 다시 보는 것 같다. 처가와 멀지 않은 나주羅州에 살면서 매사를 살뜰히 챙기니 항상 믿음직스럽다.

외국계 은행에 근무하다 풍수지리 전문가로 변신한 최우식 교수는 풍수상 절대 집을 지어선 안 되는 터로 세 가지를 꼽는다. 첫째는 계곡이다. 밤낮으로 쉬지 않고 불어오는 바람, 즉 살풍殺風을 맞는다는 것이다. 바람이 치면서 기운을 흔들어 놓는다고 했다. 둘째로 피해야 할 터는 삼각형 모양의 땅이다. 신용카드 비율의 직사각형 모양의 땅이 좋다며 3대가 적선해야 정남향집 동남향 대문에 산다고도 했다. 셋째로 피해야 할 곳은 날카로운 끝이 자신을 향하고 있는 땅이다. 물이 굽이굽이 흐르는 궁수弓水 안쪽이 좋단다. 중년의 로망이라는 귀촌歸村이 남의 말로만 들리지 않는다. 퇴직 후 10여 년을 넘게 운동으로 소일하는 장인어른이 아파트 생활을 접고, 산속에 집 하나 지어 살고 싶다는 말씀을 부쩍 하신다. 뭐라도 하고 싶다는 뜻이다. 조금만 더 가까운 거리에 산다면 나도 거들어 장인어른과 함께 일을 벌이고 싶은 마음이 크다.

a tempo

나의 살던 고향과
함께 미역 감던 동무들,
만들기 숙제로 진달래나무 뿌리를 캐던
그 시절이 잊히는 것이 아쉬웠다.

11. 청춘

대학 한 해 선배인 김 형에게 전화를 한 것은 추석연휴가 끝나고 한 주가 지난 날이었다. 늦은 밤이었는데 마침 김 형이 사는 광명光明에서 취한 몸에 술을 붓고 있었다. "아무리 생각해도 이 동네가 형이 사는 곳 같은데?" 김 형이 어디냐고 물었지만 알 수 없는 노릇이었다. 술집 주인에게 전화기를 넘겼다. 10여 분이 지나고 김 형이 왔다. 함께 자리하고 있던 이 서기관에게 양해를 구한 것도 아니었다. "형님, 나 대학 1년 선배야." 이 서기관에게 소개를 하는 둥 마는 둥 합석한 우리는 맥주를 몇 병 더 시켰다. 이 서기관은 김 형에게 "형씨, 어쩌다 이런 후배를 뒀어" 하며 농弄을 섞어 잔을 권했다.

김 형을 만나니 대학 시절 이야기가 절로 나왔다. 그때는 술 먹고 학보사 다니거나 학보사 다니면서 술 마시거나 한 것이

거의 전부다. 대학 2학년 때 강원대학교 후문 앞에서 김 형과 함께 두어 달 동안 자취를 한 적이 있다. 술을 좋아하기는 김 형도 마찬가지였는데 나는 20일 넘게, 김 형은 40일이 넘게 하루도 빠짐없이 술을 마신 적도 있다. 눈이 꽤 오는 날이었는데 후배 하나가 방문을 두드리며 "형이 길에 쓰러져 있다"고 알렸다. 여럿이 붙잡고 끌며 자취방으로 데려와 눕혔다. 다음날 우리는 "당분간 술 먹지 말자"는 약속을 했으나 다시 따로 살게 되면서 그 약속은 원인 무효가 되고 말았다.

인문사회대학 심리학과 86학번인 나는 원래 취미가 없는 공부에는 별 신경을 쓰지 않았다. 1학년 2학기 때 시작한 학보사 기자 생활이 유일한 낙이었다. 학생기자라는 것이 매력도 있고 나름대로 프라이드도 있었다. 도서관에서 공부에 몰두하는 학생들을 만나기도 하고, 총장을 만나 인터뷰를 할 수도 있다.

학교 돌아가는 사정도 좀 알고, 여러 교수와 어울리기도 하다 보니 학생 본연의 모습을 잃기도 한다. 3학년 1학기까지 학생기자 생활을 했는데 나중에 보니 '학생'은 없고, '기자'만 남은 것 같아 아쉬움이 있는 것도 사실이다. 남자 동기 셋은 모두 지방언론사 부장급으로 있고, 유난히 사범대 출신이 많았던 여자 동기는 대부분 교편을 잡고 있다. 학보사는 '미래의 광장'으로 이름 붙여진 중앙광장 앞 학생회관 2층에 있었다. 문을 열고

들어가면 '자유언론自由言論 정론직필正論直筆'이라고 쓴 큼지막한 붓글씨 액자가 보인다.

바로 한 기期 위의 선배들은 엄했다. "학생기자를 하려면 정신력이 강해야 한다"며 매일 군기를 잡았다. 그 넓은 캠퍼스를 줄을 맞춰 몇 바퀴씩 돌리기도 하고, 하키 스틱으로 엉덩이를 때리기도 했다. 언젠가 한번은 집합을 시키더니 "오늘은 우리가 입사한 지 1년이 되는 날이다. 엎드려뻗쳐" 하고는 무조건 하키 스틱으로 매를 쳤다. 그 하키 스틱은 학보사의 오랜 지주支柱였다. 그때만 해도 그런 것들이 전통이라는 이름으로 혹은 선후배 간의 정을 돈독하게 하는 방편이라는 명목으로 용인되었다. 그렇게 맞고 부딪치며 배운 우리도 바로 밑의 후배들에게 거의 똑같은 방법으로 트레이닝을 시켰다. 그러저러한 이유로 정이 더 들었는지 모르겠지만 언제 어디서 만나도 반갑기 그지없다. 소주 몇 병과 과자 한 봉지면 넉넉했던, 캠퍼스 어디나 앉으면 주점이었던 그 시절을 함께했다는 사실이 중요했다.

그 당시 학보사 기자라고 하면 으레 골수 운동권이려니 하던 시절이었지만 나는 운동권은 아니었다. '학습' 동아리에는 가입하지 않았다. 특별한 이유나 철학이 있었던 것은 아니고, 그때나 지금이나 배울 것은 혼자서 배울 수 있다는 건방진 생각을 가졌기 때문이다. 따라서 체계적으로 학습한 바도 없다. 우둔한 탓인지 《전환시대의 논리》를 통해서도 현실을 바라보는 시각에 큰 전환을 이루지 못했다. 그렇다고 전두환 정권 끝 무렵 대학 생활을 한 학생이 온전한 방관자로만 살 수는 없었다. 하루가 멀다 하고 벌이지는 데모와 투석전에는 빠짐없이 참가했다. 학생기자로 취재현장을 누비며 기사는 기사대로 쓰고 또 데모는 데모대로 하고 그랬다.

1987년 6월 전두환 정권의 '4.13 호헌조치'에 맞선 민주화 투쟁이 전국적으로 확대됐다. 5월 중순 천주교정의구현 전국사제단이 박종철 군 고문치사 사건이 은폐되었다는 성명을 발표한 후 재야와 통일민주당은 '민주헌법쟁취 국민운동본부'를 결성했다. 국민운동본부는 6월 10일 '박종철 고문살인 은폐조작 규탄 및 민주헌법쟁취 범국민대회'를 개최했는데 이것이 6월 항쟁의 기폭제가 되었다. '6.29 선언'이 나오기까지 전국적으로 500여만 명이 참가해 '4.13 호헌조치' 철폐와 직선제개헌 쟁취, 독재정권 타도 등 반독재 민주화를 요구했다.

그해 6월 15일을 전후해 춘천 시내에서 거리 투석전을 하던 나는 진압경찰에 체포됐다. 도청 앞으로 집결하기 위해 길을 열려는 시위대와 이를 막는 경찰의 공방이 치열했다. 경찰을 향해 돌을 던지며 구호를 외치다가 경찰이 밀고 나오면 후퇴하기를 반복했다. 최루탄을 쏘아댄 후 곤봉을 휘두르며 경찰이 달려오자 뒤로 밀리는 중이었는데 옆에서 같이 돌을 던지던 사람이 발을 걸어 넘어뜨리는 것이 아닌가. 백골단白骨團으로 불리던 사복경찰체포조가 헬멧을 벗고, 앞에서 시위를 이끄는 사람을 체포하기 위해 데모대로 위장하고 있었던 것이었다. 경찰은 끌고 가면서 바지 벨트를 풀어 뺏어버렸다. 버스에 태운 후부터는 무지막지한 폭행이 이어졌다.

경찰서 유치장에 갇혔다. 앞서 잡혀 온 사람들이 수십 명에 달하는 것으로 보였다. 유치장에 처박히기 전 나는 입고 있던 바지 밑단의 실밥을 풀어 담배 두 개비를 감췄다. 불은 미처 챙기지 못했는데 유치장 안에서도 구할 수 있었다. 책갈피에 끼워진 성냥개비가 경찰의 눈을 피해 이 칸 저 칸으로 날아다녔다. 밥맛은 언제나 좋았기 때문에 그것으로 인해 불편하지는 않았다. 학보사에서 달려(잡혀)간 것을 알고, 그다음 날부터 사식私食을 넣어줬는데 한 방에 있던 다른 학생에게 먹게 했다. 세 명이 같은 방에 있었는데 단과대학 학생회장인 그 친구가 유치장 밥을 전혀 먹지 못하고 있었기 때문이다.

밤은 견딜 수 없는 고통을 안겨줬다. 나는 쉽게 잠자리에 들지 못했다. 박탈당한 자유, 한 발짝 너머에는 있을 것 같은 자유가 그리웠다. 이념도 사상도 아무것도 아니었다. 이 철창 밖으로 한 발만 옮기고 싶었다. 3일째 되는 날은 울 지경이었다. 경찰관을 나지막하게 불렀다. "아저씨, 10초만 나가 있게 해주세요." 자유는 쉽게 오지 않았다. 낮에는 그나마 조사를 받고, 조서를 쓰기 위해 이리저리 불려 다니니 견딜 수 있었다. 경찰들은 《난장이가 쏘아올린 작은 공》이나 《8억 인과의 대화》를 읽었느냐고 여러 번 캐물었다. 매뉴얼대로 묻는 경찰이 딱해 보였다. 3일 밤이 지나고 재판에 넘겨졌다. 이러저러한 죄목이 붙어 구류拘留 5일을 먹었다.

정일근鄭一根 교수는 슬픔, 사랑, 펜 혹, 분노, 부끄러움, 바람, 길, 유행가, 시 등 아홉 가지가 시인을 만든다고 했다. 나는 열흘도 채 안 되는 유치장 생활을 통해 슬픔과 사랑, 분노를 느꼈다. 그리고 부끄러움과 바람, 길을 생각했다. 절반은 시인이 된 것이지만 다시 학교로 돌아와서는 그중 많은 것을 잊어버렸다. 신문기자의 교과서는 신문이라는 말이 있다. 정석定石이 따로 없으니 앞 사람이 한 것을 보고 배우라는 뜻일 것이다. 이것저것 경험했으나 깊이 있게 파고들지 못한 대학 생활이었다.

1988년 3학년 2학기에 군대를 가기 위해 휴학을 결정했다. 학보사 취재부장 자리도 끝났다. 딱히 군대라고까지 할 것도 없다. 3대 독자인 탓에 나는 6개월 방위(단기사병)로 결정이 돼 있었다. 그 당시만 해도 2대 독자 이상은 현역입대를 면제받았다. 휴학은 했으나 그다음 해 1월 훈련소에 들어가기 전까지 대부분의 시간을 춘천에서 보냈다. 명함과 전단 등을 만드는 작은 인쇄소에서 아르바이트를 하기도 하고, 학교 도서관에서 신문·잡지 등을 보다가 밤이 되면 선후배들과 어울려 술을 마셨다.

원주 36사단 신병교육대에서는 방위병과 현역병의 신병 교육이 함께 이뤄졌다. 방위라고 훈련 강도가 약한 건 아닌 듯했다. 군 생활도 짧은 방위라고 교관들의 얼차려는 더 심했다. 1월 9일 한창 추울 때 입소한 탓에 고생이 심했다. 입소 전날 밤 커피를 마시는데 내일 밤이면 이 커피 한 잔이 얼마나 그리울까 하는 처량한 마음이 들었다. 한 달간의 훈련이 끝나고 공병대대에서 방위 생활을 했다. 부대원들은 대부분 원주 사람들이라 중·고등학교 선후배이거나 친구들의 선후배였다. 힘들다고 해봤자 시간이 되면 퇴근할 수 있으니 어디 가서 고생이라고 이야기할 거리도 못 된다. 선임들은 단체 기합을 주거나 '줄빳다'를 칠 때면 미리 언질을 해줬다. 아예 열외를 시켜준 것은 아니지만 대접은 받은 것이다.

김 형과 헤어져 택시를 탔다. 살면서 한때 삶의 전부였던 것도 잊어버리는구나 하는 생각이 들었다. 대학신문사를 떠나는 술자리에서 취한 나는 "강대신문을 사랑했습니다"라는 한마디를 했다. 더 하고 싶은 말도 많았는데 그 한마디를 하는 순간 눈물이 흘러 더 할 수 없었다. 눈물을 훔치고 민중가요 〈어머니〉를 불렀다.

사람 사는 세상이 돌아와
너와 내가 부둥켜안을 때
모순덩어리 억압과 착취
저 붉은 태양에 녹아버리네
사람 사는 세상이 돌아와
너와 나의 어깨동무 자유로울 때
우리의 다리 저절로 덩실
해방의 거리로 달려가누나
아~ 우리의 승리
죽어간 동지의 뜨거운 눈물
아~ 이글거리는 눈빛으로
두려움 없이 싸워나가리
어머님 해맑은 웃음의 그날 위해.

요즘은 바쁘다는 핑계로 정기적으로 하는 동문 모임에도 빠질 때가 많다. 서울에 있는 동문들은 분기별로 한 번씩 모임을 갖는다. 환갑을 지난 선배에서 졸업한 지 얼마 되지 않는 후배들까지 다양한 연령층이 모인다. 다들 나와 같은 아련한 추억을 간직하고 있는 사람들이다. 지난해 초였던 것 같다. 학보사에서 간사幹事일을 보는 후배가 "선배님, 강대신문 지령紙齡 1,000호 기념호를 만드는데 축하 글 하나 써주세요" 하며 전화를 해 왔다. 벌써 1,000호란 말인가. 내가 600호를 만들면서 선배들에게 같은 전화를 걸었던 것이 엊그제 같은데. 후배의 원고청탁을 거절할 수는 없는 일 아닌가. 선선히 써주었다. 〈강대신문〉 2006년 5월 1일 자에 실려 있는데 제목은 '지금도 진리와 거짓은 다투는가?'이다.

"진리와 거짓이 서로 다투게 하라. 어느 누가 자유롭게 개방된 대결에서 진리가 패배하리라고 본단 말인가?" 검열 없는 출판의 자유를 주장한 영국 시인 밀턴John Milton의 말을 화두로 꺼낸 것은 필자가 재학 중이던 1980년대 후반 강원대학교 캠퍼스 역시 진리와 거짓의 다툼이 격렬했기 때문이다. 대결은 자유롭게 개방된 여건에서 진행되지 못했다. 진리는 분명했고, 거짓은 부당했지만 진리가 승리하리라는 것은 믿음에 지나지 않았다. 돌이켜보면 싸움거리가 되지 않는 '민주'니 '광주'니 혹은 '5월'이니 '단식'이니 하는 단어가 기사의 제목으로 오르는 것도 투쟁을 통해 얻어내야 했다. 때론 진리가 대패해 채자採字된 납 활자를 지우기도 했으니, 언필칭 진리를 위해 몸부림친다는 것이 쉽지 않은 시절이었다. 그 과정을 공분公憤으로 이겨내고, 강대신문이 반세기 만에 지령 1,000호를 이뤘으니 그 자체만으로도 축복이다.

이제 80년대라는 어두운 터널을 빠져나온 우리의 대학에 민주화 열기는 사라지고, 생존을 위한 직업탐색의 눈초리만 횡행

한다. 대학의 정체성이 흔들리면서 또한 대학신문의 역할도 혼란스럽기는 마찬가지다. 지령 1,000호에 축하보다 걱정이 앞서는 것은 그만큼 대학신문이 해야 할 일이 많은 탓이기도 하다. 개인적 이익추구를 탓할 수 없고, 사회적 공통분모에서의 이탈을 나무랄 수만은 없는 것이 현실이다. 거짓과 위선에 맞선 단일대오의 기억을 추억 삼아 오늘에 맞는 담론을 생산해 내야 하는 역할이 바로 대학신문에 주어진 사명이다. 그 일을 해내기 위해 후배 학생기자들은 폭넓은 세계관, 따뜻한 인간애, 냉철한 지성을 가져야 한다. 끊임없는 자기성찰로 진리와 거짓을 바로 보고, 바로 쓰며, 바로 가리키기 바란다. 워드word와 오랄oral로 된 글을 모니터로 보는 문화에 대한 심각한 이의제기도 필요하다.

학생기자는 대학사회의 리더가 돼야 한다. 모교 2, 3대 총장을 지낸 이상주李相周 박사는 'Victory 이론'으로 리더의 자질을 말한다. 리더는 비전을 가져야 하고vision, 도덕성과 성실성을 유지하며integrity, 용기와 결단력courage, 관용하거나 포용하는 힘을 갖고tolerance, 모든 일은 개방되고 공정하게 하며open, 책임감과responsibility, 긍정적인 자세를 가져야 한다yes는 것이다. 필자 또한 한때 자유언론과 정론직필을 외치며 캠퍼스를 달렸으나 실천이 미약했다. 실천하려 했으나 앎이 부족해 또는 앎과 삶이 달라 행동으로 이어지지 못했다. 대학언론에 몸담았던 사람으로서 당시 소임을 충실히 하지 못하고, 그 짐을 후배들에게 맡기는 것 같아 못

내 송구한 마음이다. 그러나 어쩌겠는가. 지금도 진리와 거짓은 다투고, 그대들은 거기 있는 것을….

■■

얼마 전 학보사 1년 여자 후배가 첫 딸을 시집보냈다. 재수^{再修}로 입학해 나이는 두 살 위지만 벌써 사위 맞을 때가 됐다는 것이 낯설지 않을 수 없었다. 결혼식장에서 여러 선후배를 만나 서로의 안부를 묻고, 정오밖에 안 되었지만 술잔을 기울였다. 갈 사람은 가고 친한 형님들과 2차로 한잔 더 하는데 낮술이라 그런지 취기가 금세 올랐다. 우리는 어느덧 많이 늙었지만 두서없는 이야기의 정신 나이는 20대 초 대학 시절에 멈춰 있었다. 그것은 유쾌하지 않은 인식이었으나 그렇다고 즐겁지 않은 것도 아니었다. 나는 혹은 우리는 조금씩 변화하고 있다고 믿고 있지만 사실 나 자신은 변화하지 않은 것이다. 진실과 명분에 대한 집착, 편향된 이미지의 고착화, 거친 대화에서 오는 만족감 등등. 세월이 지나면 서투른 글을 찢어버리고 싶은 욕망도 사라지는 것일까. 끊긴 필름 속에서 무엇을 했는지 궁금해하지 않아야 할 것 같다.

30년밖에 지나지 않은 과거는 과거가 아닌 현실인 듯했다.

1987년 1월 남영동 대공분실에서 조사받던 스물두 살 대학생이 고문으로 사망한다. 영화는 그를 '민주주의를 위해 싸우던 학생'으로만 묘사한다. 어쨌든 묻힐 뻔한 진실이 검사·기자·교도관의 용기를 통해 밝혀졌고, 그로써 세상이 바뀌었다. 지난해 연말께 개봉한 영화 〈1987〉은 격동의 시간 뜨거웠던 사람들의 기록이다. 그해 6월 권력 아래 숨죽였던 모두가 한목소리로 광장을 흔들었다. 영화를 보는 129분 내내 그때 그 시절의 느낌에 빠졌지만 한편으로는 '그렇게 바꾼 현실이 오늘인가'에 대한 자문自問도 계속됐다. 대통령이 영화를 봤다고 하자 검·경 수뇌부 등의 관람이 이어졌다. 그들이 영화를 본 것인지 영화 봤다는 것을 보인 것인지 모를 일이다. 1987년의 소중한 기억을 간직한 나로서는 역사의 주역이라 자부하는 이들과 비굴한 반성을 보여 주는 이들의 모습 모두가 탐탁하지 않다.

12. 원고

목요일 아침 긴급한 회의를 마치고 나오는데 서울시 교육청에서 홍보업무를 담당하는 윤 사무관이 전화를 했다. 교육청에서 만들어 관내 교직원에게 홍보용으로 배포하는 계간지 〈서울교육〉에 원고를 하나 써 달라는 것이다. "내 글이 실리면 잡지 전량이 폐기되는 거 아닐까요?" "에이, 그럴 리가 있습니까. 이쪽에서는 이미 다 접기로 했는데." 〈한국교육신문〉 10월 15일자에 보도한 '교위-집행부 술판 충돌' 기사로 인해 나에 대한 감정이 좋지 않을 것이라는 말을 돌려서 하자 윤 사무관이 그렇지 않다며 웃어넘긴다. 기사는 길지 않았다.

전국체전에 출전한 선수단 격려차 광주에 모인 서울시 교육위원과 시교육청 소속 교육장들이 술자리에서 막말과 고성을 주고받는 충돌을 빚었다. 알려진 바에 따르면 교육위원들과 교육감·교육장 등 집행부 고위 간부들이 무등산 아래 한정식집에서 만난 것은 8일 저녁. 발단은 폭탄주에 취해 버린 일부 교육위원을 부축하기 위해 교육위원회 소속 직원들이 식사장소에 들어가면서 시작됐다.

모 교육장이 "감히 교육감도 앉아 계신데 어딜…"이라고 하자 교육위원 측에서 "교육감이 뭔 대수라고 그따위로 말을 하느냐"고 응수했고, 사태는 멱살잡이 직전까지 가는 난장판으로 변했다. 교육계에서는 "교육감에 대한 과잉충성에서 비롯된 해프닝이지만 문제는 전국체전과 큰 관련이 없는 교육위원·교육장들의 지방 나들이와 때마다 반복되는 접대 악습"이라고 꼬집었다.

이 짧은 가십gossip성 기사 하나로 교육청과 교육위원회는 물론 서울 교육계 전체가 홍역을 치렀다. 교육청 입장에서는 간부들이 교육·학예에 관한 심의·의결기관인 교육위원회 교육위원들과 술김에 싸움을 벌인 것이 알려졌고, 교육위원들은 교육청 간부들에게 술 접대를 받은 것이 공개됐으니 양쪽 모두 난처한 입장이 되고 만 것이다. 교육청과 교육위원회에서는 제보자를 찾아내기 위해 혈안이 됐다는 소식이 들리고, 경찰청 등 정보기관에서도 사건의 전말을 듣고 싶다는 전화가 여러 번 왔다.

평소 나와 가까운 교육청과 교육위원회 직원들에게 불똥이

튀기도 했지만 취재원 보호는 기자의 생명 아닌가. 나는 공보公報 업무 관계자들에게 "더 이상의 후속기사를 쓰지 않을 테니 사태가 이 정도에서 마무리되도록 하자"고 했다. 제보자를 색출하려 하지도 말고, 제보자로 보이는 직원들이 유탄流彈을 맞는 등 어떠한 불이익도 받으면 안 된다는 뜻이다. 나는 기사에 쓴 것 말고도 더 큰 파문을 일으킬 수 있는 내용을 갖고 있었다. 그렇지만 교육계에서 종사하는 나로서는 교육계를 비판하기도 하지만 보호해야 할 책임도 있기 때문에 언제나 일정한 선을 넘지 않으려고 한다. 이번 일도 마찬가지다.

윤 사무관은 원고 마감까지 사나흘의 말미를 준다고 했지만 어차피 해야 할 일이라면 좀처럼 미루지 못하는 나로서는 빨리 써 보내고 싶은 마음이 들었다. 무슨 내용으로 할까 고민하다 얼마 전 이 선생이 들려준 이야기가 생각났다. 장애아를 '왕따' 시키는 아이들을 불러 타이르는데 한 학생이 "다른 애들도 똑같이 했는데 왜 나만 혼내느냐"며 잘못을 인정하지 않더라는 것이다. 선생님이 야단을 치는 것도 아니고, 친구들과 사이좋게 지내라고 하는 말인데 그런 식으로 반응하니 앞으로 어떻게 아이들을 지도해야 할지 막막하다고 했다. 한 번쯤 기삿거리로 삼겠다고 생각했는데 잘됐다. 이것을 소재로 하면 될 것이다. '스승존경이 경쟁력이다'라는 제목으로 다음과 같이 써 보냈다.

중국에서는 지난 9월 초 3,000여 명의 학생들이 선생님께 존경의 표시로 공개된 장소에서 절을 하는 사건(?)이 발생, 한바탕 소동을 치렀다. 사회주의 국가 중국에서 절은 물론 허리 굽혀 인사하는 행위조차도 봉건잔재로 배척되는 현실에서 땅에 머리를 조아리는 절을 한다는 것은 논쟁을 불러일으키기에 충분하다. 문제의 사건은 '미친영어瘋狂英語, Crazy English'라는 영어 학습법을 창안해 중국 전역에 그야말로 광풍을 일으키고 있는 리양李陽이 한 중학교에서 학생들을 모아놓고 강연을 하던 중 선생님들에 대한 고마움을 표현해 보자며 절하기를 권유, 학생들이 이를 실행하면서 일어났다.

이 사실이 인터넷을 통해 알려지자 절하기가 교육적으로 옳은 것인지에 대한 논란이 뜨거웠다. 대부분의 중국인들은 "굴복의 상징인 절을 시킨 것은 학생들의 인권을 모독하고 수치심을 안긴 것"이라고 주장했다. 이에 대해 리양은 언론과의 인터뷰에서 "학생이 선생님에게 감사의 표시로 허리를 굽혀 인사를 하거나 절을 하는 행위는 절대 비굴하거나 굴종적인 모습이 아니다"라고 반박했다. 또 자신의 블로그에 올린 반론에서 "한국과 일본에서는 상호 간에 허리 굽혀 인사하는 것이 보편화됐으며 이로 인해 한국과 일본은 세계에서 가장 예의바른 나라가 되었다"는 부연설명까지 했다.

논쟁의 종지부는 중국 교육부에서 찍었다. 사건 발생 며칠 후

교육부 대변인 왕쉬밍王旭明은 브리핑을 통해 "스승의 은혜에 감사하는 것은 중화민족의 전통미덕인 동시에 인간의 기본 품덕品德 중 하나"라며 "교육에는 다양한 형식이 존재할 수 있고, 이번 절하기 사건의 관건은 그 행위의 진정성에 있다"고 강조함으로써 리양의 행위를 간접적으로 지지했다. 중국에서 문화인류학을 공부해 현지 사정에 밝은 김정호 서울 백석초 교사는 "절하기 등 중국에서 일고 있는 전통문화의 부활 시도는 중국의 교육이 혼을 담지 못한 채 지나치게 입시교육 위주로 흐르는 것에 대한 반성의 의미를 갖고 있다"고 설명한다.

중국의 '절 파동'에 대한 김 교사의 견해를 들으며 "선생님을 존경하면 성적은 저절로 오른다"고 강조하는 한 교장선생님이 떠올랐다. 서대전고 교장을 하다 지금은 같은 재단의 우송고에 근무하는 오원균 교장이 바로 그다. 꼭 6년 전인 2001년 이맘때 대전 월평동에 위치한 서대전고에서는 '스승존경 결의대회'가 열렸다. 대회에서 학부모들은 때려서라도 사람을 만들어 달라며 선생님에게 회초리를 전달했다. '학교붕괴'라는 유행어가 탄생할 즈음 열린 이 결의대회는 인근 학교는 물론 전국으로 확산돼 나갔다. 여러 학교에서 '사랑의 매' 전달이 이어지고, 선생님 구두 닦아 드리기와 선생님께 편지쓰기 운동도 펼쳐졌다. 스승의 은혜에 금연으로 보답한다며 담배 화형식을 갖는 학교도 나왔다.

교권회복 운동의 메카가 된 서대전고가 스승존경 운동을 시작한 것은 선생님들이 기氣를 펼 수 있게 해줘야 학교붕괴도 막고 공교육도 살릴 수 있다는 오 교장의 신념에서 비롯됐다. 오 교장은 부임 후 학부모 대표들에게 "교사들이 뒤탈을 우려해 수업 중에 아이들이 엎드려 자거나 말거나 내버려둬서야 교육이 되겠느냐"며 선생님 존경의 필요성을 역설해 나갔고, 이에 공감한 학부모들이 주축이 돼 결의대회를 연 것이다. 결의대회 이후 선생님들의 사기는 오르고 학생들은 선생님의 말을 '말씀'으로 받아들였다. 툭 하면 걸려오던 학부모들의 시비전화도 사라졌다. 신바람이 난 선생님들은 수업에 더 적극적으로 임하고, 아이들의 눈동자는 빛났다. 학교가 제대로 돌아간 결과는 시험성적이 말해 줬다. 2003학년도 대입수능시험의 평균 점수가 8점이나 올랐다. 전국 평균 점수가 전년대비 3.2점 떨어진 것을 감안하면 엄청난 성과였다. '선생님 존경하니 성적은 저절로 올라'라는 제목의 보도가 줄을 이었다.

서대전고는 스승존경 운동을 펼치면서 지역 명문고로의 입지를 굳혔다. 그러나 이 운동을 주도하고 스승존경운동중앙협의회장을 맡고 있는 오 교장은 요즘 심각한 고민을 하고 있다. 여러 시·도에 스승존경운동협의회가 만들어지면서 전국적인 교육시민사회운동으로 승화될 것 같았던 스승존경운동이 침체에 빠졌기 때문이다. 선생님들의 사기진작에 책임이 있는 교육부나 시·도교육청은 언론의 관심이 멀어지자 덩달아 이 운동을 외면해 버렸다.

초등학교에서 교편을 잡고 있는 아내가 늦은 퇴근을 한 사람을 붙잡고 학교에서 있었던 고충을 토로한다. 약간의 언어장애를 가진 학생 일기장에 "친구들이 괴롭혀 학교에 다니기 싫다"는 내용이 있었다고 한다. 그 학생을 불러 이것저것 물어본 모양이다. 눈물까지 흘리며 힘든 상황을 말한 아이를 돌려보낸 뒤 따돌림을 주었다고 지목한 학생을 차례로 불렀단다. 먼저 부른 학생에게 "○○이가 요즘 많이 힘든 것 같다. 친구들이 잘 보살펴주고 서로 친하게 지내면 좋지 않겠니"라고 했더니 그 학생은 "네, 선생님. 앞으로 사이좋게 지낼게요" 하며 웃으며 돌아갔다고 한다. 또 한 학생을 불러 같은 이야기를 하자 이 학생은 "다른 애들도 다 그랬는데"라며 못마땅한 표정을 짓더라는 것이다. 마음 상하지 않도록 달래가며 아무리 이야기를 해도 반성은커녕 끝내는 인사조차 없이 갔다고 했다. 잠자코 듣다가 두 아이의 학업성적은 어떠냐고 물으니 "웃으며 답을 한 학생은 교과 성적이 우수한데 나중의 학생은 기초학력도 부족한 상태"라고 한다.

　일선 선생님들에게 스승존경에 대한 이야기를 하면 그것을 캠페인으로까지 할 필요가 있는지에 대해서는 이견을 보이기도 하지만 성적과의 함수관계는 연구해 볼 만하다고 하는 경우가 많다. 교사 우대優待를 국가의 주요정책으로 추진하는 중국과 스승의 권위가 추락해도 별다른 대책을 갖고 있지 못한 우리의 현실이 머지않은 미래에 두 국가의 경쟁력 차이로 나타나지 않을까

우려하는 이유다. 서울시 교육청은 "공정택 교육감 취임 이후 공교육 정상화를 위해 학력신장과 교육격차 해소에 역점을 둔 결과, 열심히 가르치고 공부하는 분위기가 조성됨으로써 학부모의 교육 만족도가 92%에 이르는 등 큰 성과가 있었다"는 자체 조사 결과를 최근 내놓은 바 있다. 학부모의 만족도가 높아가는 지금 교원들의 만족도도 함께 높일 수 있는 방안이 강구된다면 우리 교육의 앞날이 훨씬 밝을 것이다.

  청탁받은 200자 원고지 15매 분량을 탈고^{脫稿}하고 나니 퇴근길 발걸음이 가볍다. 퇴근길은 같은 길이라도 출근길과는 사뭇 다르다. 시계를 덜 보게 되고 걸음걸이도 편하다. 출근길에서는 사람들 표정을 살피기도 하지만 퇴근길에는 풍경에 눈을 더 둔다. 출근할 때는 발 디딜 틈마저 부족한 지하철 속에서도 신문을 접어 읽지만 퇴근할 때는 주머니에 손을 넣고 있다. 인생은 가까이서 보면 비극이지만 멀리서 보면 희극이라고 한 찰리 채플린Charles Spencer Chaplin의 말이 아니더라도 조바심 내지 않고 한 발 떨어져 보면 세상에 아름다운 것이 많다.

  수리산역^驛을 지나면서 무심히 창밖에 눈을 두고 있던 나는 피식하고 웃고 말았다. 오밀조밀 한 빌라가 모여 있는 동네 1층 상가에 '최신이발소'라는 간판을 단 이발소가 보였다. 빨강, 파랑, 흰색의 삼색 통기둥이 꽈배기처럼 돌아가는 그야말로 전형적인 옛 이발소다. 그런데 최신이발소라니…. 멀리서 봐도 30년 전쯤의 구식舊式 모습을 하고 있는 이발소에 최신이라는 현대적인 이름을 붙인 주인장은 어떤 사람일까 하는 궁금증이 일었다.

> 淸楚한 코쓰모쓰는
> 오직 하나인 나의 아가씨,
> 달빛이 싸늘히 추운 밤이면
> 넷 少女가 몬견디게 그리워
> 코쓰모쓰 핀 庭園으로 찾어간다.
> 코쓰모쓰는
> 귀또리 울음에도 수집어지고,
> 코쓰모쓰 앞에선 나는
> 어렷을적 처럼 부끄러워 지나니,
> 내마음은 코쓰모쓰의 마음이오
> 코쓰모쓰의 마음은 내마음이다.

스쳐가는 넓은 들판을 보며 마음까지 풍요로워지다 보니 윤동주尹東柱 선생의 시 〈코쓰모쓰〉가 떠올랐다. 곧, 어딘가에 소담스레 피어날 것이다.

올해 초 갑자기 안산으로 오게 됐을 때는 외국인 노동자들이 많아 환경이 좋지 않을 것이라는 막연한 거부감도 있었지만 살아 보니 그런대로 정이 들어가고 있다. 해 질 무렵 멋진 노을을 볼 수 있는 대부도가 있고, 국내 최대 규모의 갈대습지공원은 아이들 관찰학습에 알맞은 곳이다. 부지런하면 호수공원에 지천으로 피어 있는 연꽃과 무궁화 꽃도 실컷 볼 수 있다. 서해바다와 맞닿은 바닷가에 사는 것이니만큼 나름 낭만도 찾을 수 있다. 아름다운 장미는 사람들이 꺾어 꽃병에 두고 혼자 보다가 시들면 버리는데 들꽃은 누가 꺾어가지 않으니 함께 어우러져 장관壯觀을 이룬다고 한다. 세상 이치도 그와 다를 바 없는 것 같다.

중앙역에 내렸다. 회사에서 선바위역까지 마을버스를 타고 와서 다시 4호선 지하철로 갈아타고 정확히 40분이면 중앙역이다. 역사驛舍 안 조그마한 제과점의 빵 굽는 냄새가 퇴근길 허기진 배에 유혹의 손길을 내민다. 역사를 벗어나 집 쪽으로 방향을 틀면 꼬치구이며 붕어빵 등을 파는 포장마차가 언제나 그 자리를 지킨다. 건널목을 세 번 지나며 빠른 걸음으로 10분 정도 걸으면 집에 도착한다. 현관문 여는 소리에 기다렸다는 듯 딸들이 달려 나와 볼에 입을 맞춘다.

■■

새내기 교사, 말단 공무원부터 정책 결정권을 갖고 있는 교육기관의 수장에 이르기까지 20여 년 주간 신문 기자 노릇을 하면서 셀 수 없이 많은 사람을 만났다. 학생들을 자기 자식처럼 사랑하는 선생님과 자신의 판단이 정책 전반에 미칠 영향을 진지하게 고민하는 관료도 보았고, 매사를 처삼촌 뫼에 벌초하듯 처리하는 사람도 여럿 보았다. 출세하기 위해 사는 사람, 더 출세하기 위해 사는 사람, 그보다 더 출세하기 위해 다른 이의 삶에 해를 끼치는 사람도 있었다. 물론 그렇지 않은 사람이 더 많은 것이 사실이고, 그렇기 때문에 세상이 이 정도 돌아가고 있다는 생각이다. 그들의 삶은 나의 이러저러한 기사記事에 담겨 있다. 나의 기사가 누구에게는 위로와 용기를 주기도 했고, 누구에게는 가혹했을 것이다. 정책의 안착과 개선에도 영향을 주었을 것이다. 혹여 아직 노여움이 남아 있는 사람이 있다면 사감私感이 없었다는 말은 전해야 할 것 같다.

지하철 출퇴근은 운전하는 귀찮음도 해결해 주지만 스마트폰으로 별난 세상과 만나는 적지 않은 재미도 준다. 뉴스 읽기는 물론이고 심심풀이 오늘의 운세부터 맛집 탐방, 요일별·테마별·연령별로 구분해 놓은 풍부한 콘텐츠를 접할 수 있다. 그때그때 떠오르는 생각을 메모할 수 있으니 더없이 편하다. 엄청난 돈을 쏟아부어 집 앞까지 지하철이 달리게 해주었으니 감사할 따름이다. 김수영金洙暎 사후 50주년 결정판

《김수영 전집》 1·2권이 나왔다는 뉴스가 사회면의 주요기사로 올랐다. 김수영의 아내는 김수영의 관 속에 그가 열독하던 하이데거의 전집을 넣어 주었다던데 나는 무엇과 함께 기꺼이 사라질 것인가. 내가 태어난 1968년 어느 여름밤 그는 47세의 나이로 버스에 치여 사망했다. '시인의 시인'이라는 거장巨匠의 커다란 눈과 도톰한 입술이 강조된 캐리커처로 지면의 품격을 높이고자 한 신문은 '그의 문학은 자유였다'라는 싱거운 제목을 달았다.

13. 출장

중국남방항공기를 타고 단동공항에 도착한 것은 6월 14일 22시 35분이었다. 약간 서툰 한국어로 착륙을 알리는 안내방송이 흘러나오자 성질 급한 사람들은 안전벨트를 풀고, 선반의 짐을 꺼냈다. 활주로를 달리는 기체機體가 심하게 흔들리는 것으로 보아 노면路面이 고르지 못한 듯했다. 2층짜리 공항은 흡사 우리의 시골 버스터미널을 연상케 했다. 머리를 짧게 자른 공안원의 매서운 눈초리에 괜한 긴장감이 느껴졌다. 입국심사를 마치고 수하물을 찾기 위해 이동하면서 쾌쾌한 냄새와 더러운 환경에 놀라지 않을 수 없었다. 화장실은 입구에서 발을 돌려야 했다. 도저히 들어갈 엄두가 나지 않았다. 동행한 배 사장과 이 부장은 으레 그러려니 하는 것 같았다.

현지 안내를 맡은 단동중국국제여행사 여직원 왕징키王景琪가

조그만 안내판을 들고 우리를 맞았다. 한족漢族인 왕징키는 4년제 대학을 나온 인텔리로 우리말을 유창하게 구사했다. 아버지는 군인 출신이라고 했다. 우리는 여행 내내 그녀를 경기 씨라 불렀고, 눈치가 빠른 경기 씨는 불편함이 없도록 배려했다. 첫날밤 묵을 단동丹東의 홍원호텔에 들어서니 '한국여행업계, 언론사 손님들을 열렬히 환영합니다'라고 쓴 입간판이 보였다. 호텔 내부는 비교적 깨끗했다. 배 사장은 나와 이 부장을 자기 방으로 부르더니 인천공항 면세점에서 산 양주를 땄다. 과자 몇 조각을 안주 삼아 술을 마셨다. 이국異國에서의 밤이 깊어갔다. 방으로 돌아왔지만 잠이 오지 않았다.

이번 중국 출장은 나의 첫 해외 나들이다. 그동안 수많은 기회가 있었지만 이 핑계 저 핑계 대며 움직이지 않았다. 매년 10여 명씩 회사에서 보내주는 해외여행 차례가 와도 "아이들이 어려서 집을 오래 비우기 어렵다"는 등의 이유로 미룬 것이 벌써 5년째다. 출입처에서 해외출장 겸 여행을 다녀오라고 해도 완곡히 거절했다. 비행기라고는 제주도 신혼여행 갈 때와 부산 출장 갈 때 왕복으로 두 번 타본 것이 전부다. 신혼여행 때 비행기를 타면서 신문값을 지불하는 해프닝까지 있었다. "비용 다 대주는 여행인데 왜 안 가느냐"며 이상한 눈초리를 받은 경우가 한두 번이 아니다. 그러던 내가 이번 여행은 선선히 따라나섰다.

일단 4박 5일이라는 길지 않은 일정과 함께 가는 멤버가 나쁘지 않았다. 회사의 공식 지정 여행사를 운영하는 배 사장은 단동중국국제여행사와 공동으로 단동, 호산장성, 백두산, 국내성, 압록강 등을 둘러보는 새로운 상품을 개발해 사전 답사를 계획하고 있었다. 배 사장은 회사에서 관련 업무를 맡고 있는 이 부장에게 "상품 홍보를 위해 신문사 직원도 동행했으면 한다"는 의사를 밝혔고, 해외여행 경험이 없는 내게 우선적으로 선택할 기회가 주어졌다.

처음 하루는 망설였다. 막상 집을 떠난다니 걱정이 앞섰다. 별로 틀린 말 하지 않는 이 부장은 "쉬어 가야 멀리 간다"며 머리 좀 식히라고 부추겼고, 나와 마찬가지로 남의 나라는 가본 적이 없는 이 선생은 "나중에라도 식구들 데리고 가려면 미리미리 다녀 보라"고 거들었다. 하긴 아직까지 여권旅券조차 없는 사람은 많지 않을 것이다.

이곳저곳 많이 다녀 본 사람들에게 묻기도 하고, 인터넷에서 관련 정보를 찾아보기도 했다. 작은 여행 가방을 사서 갈아입을 옷가지와 세면도구, 카메라, 소화제 등 필요한 물건을 최소한으로 담았다. 컵라면이나 고추장을 가져가라는 사람도 있었지만 크게 음식을 가리는 편이 아니라 그냥 가기로 했다. 휴대전화는 배 사장과 이 부장이 로밍하기로 했으니 급할 때는 그것을 쓰기로 했다. 내일부터 못 보게 될 딸들을 한 침대에서 데리고 잤다.

　집 생각을 하며 뒤척이다 잠이 들었나 보다. 모닝콜 울리기 전에 일어나 간단히 샤워를 끝냈다. 호텔에서의 아침 식사는 실망스러웠지만 그것은 앞으로 닥칠 고통의 예고편에 불과했다. 입에 맞는 음식이 하나도 없었다. 아무거나 잘 먹는다고 믿었던 것이 오산이었다. 우리 김치를 흉내 낸 김치와 삶은 달걀, 수박 몇 조각을 먹었다. 호텔 음식도 먹기 힘든데 점심부터는 현지식現地食이라니 걱정이 커졌다. 바쁜 여정이 시작됐다.

　경기 씨가 우리를 태우고 다닐 봉고차와 현지 가이드 한 명을 데리고 호텔 앞에서 기다리고 있었다. 만리장성의 북쪽 끝 호산장성과 일보과一步跨까지는 차로 50분 거리다. 일보만 앞으로 가면 북한 땅, 일보 뒤로 후퇴하면 중국 땅이라 일보과라고 한다는데 정말 한 발만 내디디면 북한 땅을 밟을 것 같았다. 호산장성을 나온 우리는 환인桓仁으로 향했다. 조선족 학교를 둘러본 후 고구려의 첫 번째 수도 졸본성에 도착했다. 중국 정부에서 운영하는 버스로 오녀산성 입구까지 간 후 999계단을 걸어 정상에 올랐다. 한 시간 가까이 힘겹게 오르는데 건장한 사람 둘이 인력거에 관광객을 태우고 쏜살같이 오르내리는 것이 아닌가. 우리 돈 2만 원이면 999계단을 왕복해 준단다. 오녀산성에 오르니 옛 졸본의 성터가 남아 있다. 사방이 기암절벽이라

천혜의 요새다.

　이틀째 밤은 통화通化에서 머물렀다. 통화의 만통호텔은 낡았지만 많이 걸은 탓인지 단잠을 잘 수 있었다. 3일 차는 백두산이다. 아침 7시에 출발해 한밤중이 돼서야 돌아오는 장거리 코스다. 호텔에서 봉고차로 6시간 가까이 달려 매표소 입구에 도착한 후 다시 백두산 가는 버스에 탑승해 30분 정도 올랐다. 1,236개의 계단을 오르면 천지를 보게 된다. 전형적인 고산기후를 지닌 백두산의 날씨가 예사롭지 않다. 그래도 비가 오거나 눈이 내리지는 않았다. 1년이면 300일은 눈과 비가 내린다고 한다. 마침내 백두산에 오르자 천지가 한눈에 들어왔다. 천지를 중심으로 동남쪽은 북한, 북서쪽은 중국이다. 날씨가 좋아 14킬로미터에 이른다는 둘레가 모두 보이는 듯하다. 정상에 오른 사람들은 "이렇게 맑은 날씨에 천지를 보다니 천운天運"이라며 감격했다. 기념사진을 찍고, 동영상 촬영도 하면서 중국 여행 최고의 보람이라는 생각이 들었다.

　숙련된 운전기사는 일행 모두가 잠든 가운데 속력을 냈다. 통화로 돌아온 것은 밤 9시가 넘은 시간이었다. 조선족 식당에서 삼겹살로 늦은 저녁을 먹었다. 백두산 오른 무용담武勇談을 곁들인 고량주가 제법 달다. 여행 4일째는 고구려 문화유적지 탐방이다. 집안集安으로 이동해 광개토대왕릉비, 장군총 등을 둘러봤다. 우리 일행은 조선족이 운영하는 기념품 가게에서 100위안씩을 주고 장뇌삼 한 뿌리를 사 먹기도 했다. 책에서 보던 광개토대왕릉비는 참으로 웅대했다. 석질은 화산암, 높이 6.39미터, 너비 1.38미터에서 2미터, 무게 37톤이란다. 사면에는 고구려 건국설화, 광개토왕의 일생과 치적 등을 담은 1,775자의 글자가 음각되어 있다. 일본군이 비문을 조작하기 위해 석회를 발라놓은 것을 보면서 왜인(倭人)들의 침략·왜곡 뿌리가 깊고도 집요하다는 것을 새삼 느꼈다.

집안의 조선족 학교는 우리 일행을 따뜻하게 맞아줬다. 학교 식당에는 미리 준비한 여러 요리가 점심으로 차려져 있었다. 호탕하게 생긴 학교 책임자는 "이곳에서는 깐뻬이(干杯)를 외치면 따른 술은 다 마셔야 한다"며 잔이 마를 틈을 주지 않았다. 40도가 넘는 독한 술을 주고받으며 취해 갔다. 조선족과 조선음식에 긴장이 풀렸다. 중간 중간 정신이 흐트러지는 것을 알 수 있었다. 커피 마시는 종이컵 크기의 잔으로 얼마나 마셨을까. 일행은 모두 크게 취했다. 어떻게 헤어졌는지 어떻게 차에 올랐는지 도무지 모르겠다. 호텔에 도착해 경기 씨가 흔들어 깨우는데 안경은 부러지고, 신발과 양말은 벗겨진 상태다. 걸음도 제대로 걷지 못하고 호텔방에 떠밀려 들어왔다. 경기 씨는 안경을 고치러 나가고, 나를 비롯한 일행은 각자의 방에서 곯아떨어졌다.

안경을 새로 해온 경기 씨가 정신을 못 차리고 헤매는 나를 깨우려 안간힘을 쓰는 것이 느껴졌다. "제발 좀 일어나세요. 사장님이 기다리고 계세요." 우리를 초청한 단동중국국제여행사 사장과의 만찬晩餐이 있는 것이다. 어떻게든 정신을 차려야겠는데 몸이 말을 듣지 않는다. 술에 취하니 집이 그리워졌다. 이 선생도 보고 싶고, 딸들도 너무나 보고 싶었다. 경기 씨에게 부탁해 어렵게 통화가 이뤄졌다. 은이, 윤이, 이 선생과 차례로 통화했다. 목소리를 들으니 그나마 살 것 같았다. 전화를 끝내고 만찬장에 도착했지만 아무것도 먹을 수 없었다. 겨우 앉아 있다가 돌아 나오는 실례를 범했다.

화장실을 들락거리거나 멍하니 침대에 걸터앉아 초점 잃은 눈으로 단동 시내의 야경을 내려다보며 중국에서의 마지막 밤을 보냈다. 쓰린 속을 부여잡고 집에 돌아갈 시간을 손꼽아 기다렸다. 해외여행이라는 것이 대학 1학년 때 일주일간의 문무대 입소, 한 달간의 신병교육대 훈련소 생활, 열흘가량의 유치장 감금 등과 별로 다를 바 없다고 생각했다. 하고 싶은 것 하지 못하고, 먹고 싶은 것 못 먹고, 보고 싶은 사람 못 보는 것만큼 힘든 일이 무엇이겠는가. 지자동인자정知者動仁者靜이라 했으니 나는 이도 저도 아니다. 이 선생과 두 딸, 누가 떼메고 가지 않을 집만 그리워하다니. 힘든 밤이 지나고 아침이 왔다. 압록강에서 유람선을 타고, 단동 시내에서 간단한 쇼핑을 하면서 모든 공식 일정을 끝냈다.

경기 씨는 전날 우리 일행이 만취 상태에서 넘어지고, 부딪치고, 토하고, 소리치고 한 일들을 재밌어 죽겠다는 표정을 지으며 되짚어주었다. 돌아보면 첫 해외여행은 집 떠나면 고생이라는 말을 절감한 계기였다. 중국에서의 식사는 악몽이었다. 맛은 고사하고 청결하지 못한 식당은 음식을 입에 댈 수 없게 만들었다. 호텔에서의 뷔페식은 그럭저럭 골라 먹을 수 있었지만 현지 식당에서는 반찬 없이 밥만 몇 숟가락 겨우 먹을 수 있었다. 먹는 것은 그렇다 쳐도 집 생각은 어찌해 볼 방법이 없었다. 아무리 좋다는 경치를 봐도 눈에 들어오지 않았다. 엄마 품을 떠난 어린애 같은 심정이었다고나 할까. 돌아오는 비행기에서 다짐한 것은 가족들과 함께하는 것이 아니면 장거리 여행은 못 하겠다는 것이었다.

남들처럼 넓은 세상의 문물을 보고 싶어 하고, 세계 여러 곳의 별난 음식을 먹고 싶어 하고, 세상에 한 획을 그은 사람들의 발자취를 더듬어 보는 일을 왜 즐거이 하지 않는가는 자책해야 할 일이다. 물론 나는 중국의 단면斷面 중에서도 단면만 보았다. 내년 북경올림픽이 끝나면 중국은 명실상부 세계 최강국이 될 것이다. 베이징대北京大와 칭화대清華大, 중국과학원 등 두뇌 집단이 몰려 있는 중관촌中關村은 중국 대국주의의 전진기지로 거듭날 것이다. 매년 10%가 넘는 경제성장과 긴 안목으로 교육에 막대한 투자를 아끼지 않는 중국은 우리의 큰 위협이 될 것이 분명하다. 일본은 우리의 역사를 왜곡해 가르치지만 중국 대학의 공식 커리큘럼에 한국은 없다고 한다. 무서운 나라다. 다시 가게 된다면 술은 마시지 않고 중국을 볼 생각이다.

"엄마, 엄마 학교 이름은 뭐야?" 구운 김을 반쯤 베어 문 윤이가 밑도 끝도 없이 이 선생에게 묻는다. "응, 삼일초등학교." "왜 삼일이야?" 윤이가 다시 묻자 옆에 있던 은이도 "거기서 삼일운동 한 거야?" 하고 끼어든다. "그래, 삼일운동 했대." 이 선생이 시큰둥하게 대답하자 윤이가 또 묻는다. "삼일운동이 뭐야?" 이번에는 은이가 양팔을 올렸다 내렸다 하며 "태극기 들고 운동한 거지"라고 장난스럽게 답을 해준다. 어린 시절을 지루해하며 서둘러 자라나길 바라고는 나중에 다시 어린 시절로 돌아가길 갈망하는 것만큼 어리석은 것이 없다고 했는데 우리의 하루는 또 이렇듯 즐거이 지나고 있다.

잠자리에 누우니 프랭크 태실린Frank Tashlin의 어른을 위한 동화 〈나는 곰이라구요〉가 떠올랐다. 낙엽 지는 것을 본 곰은 겨울이 다가오는 것을 알았다. 곰은 겨울을 나기 위해 동굴로 들어갔다. 곰이 동굴로 들어간 사이 동굴 주위에 커다란 공장이 들어섰다. 겨울이 지나 잠에서 깬 곰은 자신이 공장 한가운데 있다는 것을 알았다. 사람들은 곰을 털보 노동자로 여겼다. 사람들은 곰에게 "가서 일이나 하라"고 소리치지만 곰은 "나는 사람이 아니라 곰"이라고 대답한다. 웃음을 터트린 사람들은 그를 털옷 입고, 수염 기른 게으름뱅이로 생각해 다시 동물원으로 데려갔다. 동물원의 곰들에게 "이 사람이 곰이니?" 하고 묻지만 동물원 곰들은 "곰이 아니에요. 그가 만약 곰이라면 울타리 안에 있겠죠"라고 한다. 서커스단의 곰들도 리본 달린 모자를 쓰고 있지 않은 그를 곰이 아닌 관람객이라고 믿는다. 결국 곰은 공장으로 끌려와 사람들 틈에서 일을 하게 된다.

내일 나는 어디에 있을까. 내가 있는 곳이 과연 내가 있을 곳이 맞기는 한 것인가. 가끔 나는 나의 자리에서 어리둥절한 모습을 들켜 미련하다는 소리를 듣는 것은 아닐까. 나는, 그럴 일도 없겠지만 나의 느낌이 모두 언어가 되어 여기저기 살아 있는 것은 아닐까 하는 엉뚱한 염려를 할 때가 있다. 그러면 나는 무엇을 볼 수도, 무엇을 먹을 수도, 무엇을 생각할 수도 없을 것이다. 나의 머리와 나의 가슴에는 항상 7할割만큼의 느낌만 남아 있기를 바란다. 남아 있는 그 느낌의 7할만큼만 언어가 되고, 또한 그 언어의 7할만큼만 기억되기를 소망한다. 기억된 것은 사라질 테니까…. 이러저러한 곰 같은 생각을 하며 꿈속으로 빠져든다.

■■

오카리나 장인이라는 노무라 소지로野村宗次郎의 내한 공연이 지난해 연말 잠실 롯데콘서트홀에서 열렸다. 이 선생이 10여

년 넘게 활동하는 오카리나 동호회가 소지로와의 협연 기회를 얻었다기에 은이와 함께 공연장을 찾았다. 과문寡聞한 탓에 '폐로 듣는 숲의 소리'를 느끼지는 못했으나 겸사겸사 이 선생과의 첫 만남 추억이 있는 롯데호텔에서 커피 한잔 마실 수 있었다. 은이는 엄마, 아빠의 러브스토리를 외울 정도로 들었다고 하는데 정작 우리는 결혼 후 처음 이곳을 찾았다. 바쁘다는 핑계로 잊힌 것들이 어디 이뿐이랴 하는 생각이 들었다. 이 선생이 "사랑해"라는 말 좀 해보라고 다그칠 때가 있다. 내가 좀처럼 입을 열지 못하면 초등학생 가르치듯 '사''랑''해'를 따박따박 한 자씩 소리 내며 따라하라고 한다. 예전에는 시키지 않아도 잘 하더니 그것도 못 하냐며 놀린다. 사랑을 잊은 것은 아니고, 언어능력의 퇴화라고 믿는다.

1987년 연세대 총학생회장으로 당시 6월 항쟁을 이끈 우상호 더불어민주당 의원은 국문과 출신으로 시인이 되고 싶었다고 했다. 그는 자신의 책에서 "86세대(80년대 학번·60년대 출생)는 역사적 사회인식과 실천적 태도를 가지고 있지만 아름다운 자연과 하나가 되었던 기억들 그리고 들과 산, 논과 밭 등에서 온갖 생명체와 만났던 체험들은 이들에게 남다른 감수성을 선물했다"고 적었다. 정치인에게서 희망을 볼만

한 식견을 갖고 있지는 않지만 그의 이 말은 틀리지 않다고 믿는다. 꿈꾸던 세상에 꿈은 없고, 바라던 세상은 오지 않을 것 같은 시간을 버틴 것은 내게 주어진 가족보다 내가 만든 가족이 있기 때문이었다. 그 식구들이 살아야 하기에 집이 있어야 했고, 그 식구들이 살아야 했기에 감춰진 용기를 드러낼 엄두가 없었다. 누구에게 털어놓지도 못한 미련한 소신을 아직까지 부여잡고 있는 것 또한 그런 이유일 것이다. 86세대는 그런가보다.

14. 편지

1995년 12월 14일. 〈1〉

잠을 이룰 수 없었다. 정신은 더욱 또렷해지고 있었다. 고향. 그곳이 생각났다. 야트막한 산자락 아래 이슬보다 맑은 계곡물이 흐르고 아침이면 그곳에서 세수를 했다. 나보다 위쪽에 자리를 잡으려는 누나와 다툼을 하고 얼굴보다 옷에 더 많은 물을 묻히고 나면 학교에 가야 했다. 충청북도와 강원도의 경계를 이루는 작은 강을 지나 학교까지는 한 시간이 넘게 걸렸다. 근처의 동무들을 모두 모아 학교를 다녔다. 집에 돌아오면 내 몸집에 열 배도 넘어 보이는 소를 끌고 풀밭으로 나갔다. 가끔 힘에 부쳐 고삐라도 놓치는 날이면 큰 호통이 떨어졌다. 그놈들은 세월이 지나면 팔려나갔다. 새끼라도 한 마리 둔 놈이면 더 슬피 울었다. 어미 소만 슬프게 운 것은 아니었다.

신경숙이었던가. 젊은 여자 소설가.《풍금이 있던 자리》와 《깊은 슬픔》을 쓴. 가끔 그녀를 생각하면 슬프다는 말이 떠오른다. 언제였던가. 그녀는 그의 문학선생이던 K교사 말을 회상했다. "슬프다고 쓰면 되냐. 아프다고 써야지. 슬프다는 말은 체념한 사람이나 쓰는 말이다." 나도 아프다고 써야 한다. 도회지로 이사 온 어린 시절. 가톨릭센터 옆 헌책방에 자주 갔다. 김승옥의 아름다운 문체도 만나고, 이문열의 지성도 만났다. 사르트르$^{Jean\ Paul\ Sartre}$ 같은 감당하기 어려운 이들을 만나기도 했지만 나중에 다시 만날 약속을 하며 아쉽게 헤어지기도 했다. 특히 김수영을 만났을 때 처음에는 황홀했다. 그의 〈의자가 많아서 걸린다〉를 읽으면서 어느덧 〈풀〉에 이르면 나는 슬퍼졌다.

그러나 그것은 아픔이었다. 너무 일찍 일어난 때문일까. 머리는 더욱 맑아 오는데 학원 갈 시간이 됐다. 자리를 차고 일어나야 한다. 하루는 이렇게 시작되고 있다. 지난밤 그렇게 서 있던 차에 시동을 걸어야 한다. 출발하는 거다. 오늘은 세희를 만나는 날 아닌가. 노트북의 전원을 끄려다 다시 적는다. 참 이상한 기분이다. 왜일까. 전에는 몰랐던 느낌이다. 지난봄. 새벽 약수터를 오르다 이름도 모르는 새 한 마리의 울음소리를 듣고 잠시 황홀경에 빠진 적이 있다. 이리저리 그놈을 찾았지만 종적을 알 수 없었다. 청아한 울음소리. 뭐라고 해야 할까. 신선한 기쁨. H에게. 편지를 쓴다. 만나서 반갑다.

이 선생에게 보낸 첫 편지다. 결혼 전 이 선생에게 모두 57통의 편지를 썼는데 A4 종이에 좌·우, 위·아래 여백까지 항상 양식樣式이 같았다. 분량 또한 1,200자 내외에 맞췄다. 첫 편지에 〈1〉이라는 번호를 매긴 것은 아마도 계속해서 편지를 쓰겠다는 의지를 보여 주기 위한 것 같다. 편지 끝에는 '이낙진 서書'라고 사인펜으로 서명을 했다. 10여 년도 더 지난 지금 다시 보니 문투文套가 부끄럽긴 하지만 첫눈에 반한 여인에 대한 가슴앓이가 떠오른다.

　이세희李世熙 선생을 만난 것은 첫 편지 보내기 11일 전인 1995년 12월 3일 오후다. 마침 이 선생이 근무하는 학교에 같이 근무하던 지인知人이 결혼 안 한 여선생 세 명이 있는데 소개해 주겠다고 나섰다. 각각의 성품과 인상착의 등을 설명하며 그중 하나를 고르라고 하는 것이 아닌가. 사람이 사람 보는 눈은 비슷한 것인지 이것저것 들어보니 이 선생이 제일 나은 듯했다. 중매에 나선 지인은 "이 선생은 목소리가 차분하며 먼저 나서지 않고, 윗사람이 하는 말에 항상 웃으며 답을 한다"는 듣기 좋은 인물평을 해줬다.

　약속 장소인 잠실 롯데호텔 커피숍은 사람으로 꽉 차 있었다. 그곳이 맞선 보는 장소로 많이 이용된다는 것은 나중에 알았다. 자리도 잡지 못하고 대기실에서 왔다 갔다 하는데 멀리서 사뿐히 한 사람이 걸어온다. 첫눈에 보아도 이 선생이다. 먼저 다가가 "이세희

씨?" 하고 물으니 그쪽에서도 "이낙진…"이라며 끝을 못 맺는다. 커피숍은 앉을 곳이 없으니 밖으로 나와야 했다. 갈 곳을 정하지 못하고 차를 몰다 보니 과천 서울랜드까지 갔다. 구경삼아 돌아보고 양재역 근처로 와 지금은 없어진 로그하우스라는 양식집에서 저녁 식사를 한 뒤 집에 데려다 주었다.

그날부터 열병이 시작됐다. 첫 모습에서 바로 이 사람이구나 하는 느낌이 왔다. 내 나이 스물여덟. 연애란 모름지기 밀고 당김이 있어야 할 텐데 만나자마자 이 선생이 마음속에 쏙 들어와 버렸으니 당기기는 하되 밀어낼 수는 없었다. 그전에도 몇 번의 소개팅 경험은 있었으나 이렇게 마음이 흔들려 본 적은 없다. 매일매일 각인된 첫 모습이 떠올라 다른 일은 손에 잡히지 않았다. 어떻게 하든 약속을 잡아 만나고, 돌아서면 또 보고 싶어졌다. 이 선생은 지금까지 살아오면서 이상형으로 생각한 여러 요소를 갖추고 있었다. 세 번째로 보낸 편지에서는 마음을 오롯이 **빼앗긴** 것이 드러난다.

1995년 12월 20일. 〈3〉
아침. 잠깐 눈발이 날렸다. 눈은 따뜻하다. 솜 방울마냥 살포시 내리는 눈은 아름답다. 저희들끼리 차례를 지어 내리는 눈은 서로를 감싼다. 눈은 서로 말을 한다. 우리는 만날 것이라는 말을 한다. 회사로 향하면서 내내 눈을 생각했다. 17일 전. 그때도 그랬다. 롯데호텔 커피숍으로 가면서 나는 떨고 있었다. 눈을 생각했던 것 같다. 설렘과 기대. 그런 것들과 함께 눈을 생각했다. 지금 누군가를 만난다는 것. 나는 그것을 생각하면 인생의 완성을 떠올리게 된다.

눈이 전하는 말을 들었다. 어디쯤에서 우리는 만난다는 말을 들었다. 우리는 멀리 있었지만 어느덧 가까운 곳에 있다. 눈이야말로 포근하다. 호텔은 입구부터 붐볐고, 자리를 잡지 못한 사람을 위해 메모판이 준비돼 있었다. 얼굴 한번 본 적 없는 사람들이 만날 사람과 찾는 사람으로 나눠져 서로의 빈칸을 채웠다. 나도 거기에 이름을 적었다. 만날 사람을 만난 사람들이 만난 사람과 떠나는 것을 보면서 우리도 만난 사람이 돼 있었다. 이낙진 씨죠. 그렇습니다. 만난다는 것은 기다림이 주는 선물과도 같다. 참고 인내한 자에게만 주어지는 것이다. 나는 오늘의 만남을 위해 눈처럼 많은 날을 보냈다. 많은 날을 보내며 이 만남을 기다렸다. 시간이 흘러도 역사는 나아지지 않고, 문명이 높아가도 정신은 올라가지 않으니 무지무지 천천히 걷자던 홍영철洪榮鐵 선생의 시 〈산책〉이 그려졌다.

그의 말대로 한 걸음 한 걸음이 목적이고, 완성인 것이다. 보상과 같은 이 만남에 책임이 필요함을 느낀다. 만나기 전보다 만난 후에 그리고 만날수록 더 애써야 하는 이유가 그것이다. 여기까지 적다 세희 전화를 받았다. 너무나 반가웠으나 짐짓 차분한 목소리를 내려 애썼다. 나는 혼자서 저녁을 먹지 않아도 될 것이다. 그것은 세희의 당부였지만 하마터면 하루도 그 약속을 지키지 못할 뻔했다. 다시 집에 돌아와 전원을 넣고 TV도 켰다. 마침 최인호 선생의 《별들의 고향》을 원작으로 한 방화邦畫가 나오고 있었다. 고등학교 1학년 때 얼마나 경전처럼 읽었던가. 별들의 고향을. H에게. 편지를 쓴다. 오늘 너무 떼를 쓴 것 같아 미안하다.

무슨 떼를 썼을까. 아마 '밀당'을 제대로 못 하고 만나자고 보챘을 것이다. 이 선생은 그때가 나이 스물 셋이었다. 교대를 졸업하고 그해에 갓 발령받은 새내기 교사였다. 연애는 고사하고 미팅 한번 못 해본 숫기 없는 사람이었다. 너무 순진하고 착한 사람이었기 때문에 나의 등쌀을 뿌리치지 못했을 것이다. 당시 이 선생은 가락동 이모姨母 집에 얹혀살았는데 데이트하고 조금 늦게 들어갈 때면 얼마나 조마조마했을 것이며 또 나올 때는 핑곗거리를 만드느라 얼마나 고생했을 것인가.

이 선생도 내가 아주 마음에 없지는 않았을 것이다. 만나는 횟수가 늘면서 좋은 감정은 사랑으로 바뀌고 있었다. 이 선생이 준 답신答信을 보면 알 수 있다. 나의 첫 편지를 받은 3일 뒤 이 선생의 메모 같은 편지는 가슴을 쿵쾅쿵쾅하게 만들었다. 편지에서 이 선생은 "사람 만나는 것이 쉬운 일이 아닌데 너무 빠르게 진행되는 것은 아닌지…"라며 속내를 살짝 드러냈다. 글의 흐름이나 글씨체만으로도 설렘의 단면을 볼 수 있다.

1996년 1월 1일 이 선생이 준 두 번째 편지는 "To. 이낙진 오빠에게"로 시작하고 있었다. 그 옆에는 괄호를 열고 "호칭이 마음에 들죠?"라는 말도 덧붙였다. 예쁜 그림이 그려져 있는 고운 편지지에 볼펜으로 또박또박 써내려간 글에는 이 선생의 따뜻한 마음이 곳곳에 묻어 있었다. "…집에 내려가니까 좋으시겠네요. 지금쯤 원주에서 사 먹는 음식도 아니고, 혼자서도 아닌 따뜻한 저녁을 드시고 계실지 모르겠다는 생각을 하면서 더불어 드는 생각에 웃음이 납니다. 무슨 생각인가 하면 그건 비밀이고. 선물로 준 장갑 항상 따뜻하게 끼고 다닐게요."

나는 이 선생을 몇 번 만난 후부터 오빠라고 불러 달라는 생떼를 부렸다. 뭐라 부르기 쑥스러운지 이 선생은 "저기"나 "그런데요" 등을 호칭으로 썼다. 여자 후배들은 홍길동도 아닌 나를 항상 형兄이라 부르고, 동생이 없기 때문에 평생 오빠라는 소리를 들어보지 못한 탓도 있겠지만 내심 이 선생이 오빠라 부르면 한층 더 가까워질 수 있을 것 같았다. 나의 막무가내 부탁에 어쩔 수 없이 넘어간 이 선생이 면전에서는 못 하고 마침내 편지의 서두에 오빠라고 썼으니 쾌재快哉를 부를 일이었다.

사랑은 그렇게 익어가고, 생활에 녹아들었다. 우리는 서로를 위한, 서로에 의한, 서로의 사람으로 빠르게 바뀌어 갔다. 사소

한 언쟁이나 마음 아픈 다툼이 없었던 것은 아니다. 무심한 말 한마디에 화를 내기도 하고, 아파하는 상대방을 보면서 더 안쓰러워하던 시간도 있었다. 사랑은 개별적이지만 또한 얼마나 보편적인가. 사랑이 깊어지면서 참견도 늘고, 뭐 하나라도 더 해주고픈 마음에 강요하는 것도 많아졌다. "Your love is put me at the top of the world." 카펜터스Carpenters의 노랫말처럼 사랑은 나를 세상 꼭대기에 올려놓았다.

이 선생의 부모님을 찾아뵌 것은 의외로 빨랐다. 우리가 만난 지 한 달이 채 넘지 않았을 무렵이었다. 첫 방학을 맞아 순천에 내려가 있던 이 선생이 아빠가 보시자고 한다는 연락을 해왔다. 지금처럼 휴대전화가 있을 때가 아니어서 집 전화기로 하는 여러 차례의 전화 데이트는 티가 날 수밖에 없었을 것이다. 만나는 사람이 있다는 것을 알게 된 부모님이 어떤 사람인지 보자고 하시는 것은 당연한 일이다. 어리다고만, 아기라고만 생각했을 둘째 딸이 취직해 집 떠난 지 얼마 되지 않아 연애를 하고 있다는 사실에 부모님의 충격도 크셨을 것이다.

고속버스를 타고 다섯 시간 만에 순천 땅을 처음으로 밟았다. 마중 나와 있던 이 선생은 긴장하지 말라고 했다. 긴장하고 있음을 들켰지만 그렇다고 긴장이 풀릴 상황은 아니었다. 우리 만남에 대한 부모님 걱정의 강도가 이 선생을 힘들게 하고 있음을 은연중 알게 된 나로서는 첫 인사의 중요성을 알고도 남았다. 큰절을 올리려고 하는데 부모님은 우리는 아직 젊다며 한사코 사양하셨다. 아버님과 몇 마디 대화를 주고받으면서 나를 마음에 들어 하지 않는 것을 알 수 있었다. 하도 긴장한 탓에 입술을 깨물어 피가 났다. 그 분위기에서도 음식은 왜 그리 맛있는지 많이도 먹었다. 어머님은 아버님의 눈치를 살피며 이것저것 챙겨주셨다.

식은땀 나는 시간을 보내고 심야버스를 타고 돌아오는 발걸음은 무거웠다. 나보다 이 선생의 마음이 편치 않을 것을 생각하니 더욱 그랬다. 서로의 안쓰러운 마음이 통했는지 배웅하는 이 선생이 가볍게 손을 잡았다. 어둠 속 버스 유리창에 초라한 나의 모습이 비쳤다. 지방대학을 나와 그저 그렇게 살고 있는, 물려받을 재산 하나 없는 외아들. 이 선생의 손끝에서 전해진 온기가 그런 나를 위로했다. 다음 날 새벽 편지를 썼다.

1996년 1월 7일. 〈8〉

무슨 말을 해야 할까. 노트북을 열고 30분이 지났지만 나는 아무것도 쓰지 못하고 있다. 머릿속에 맴돌고 있는 말은 오직 고맙다는 것뿐이다. 고맙다는 말을 수없이 썼다가 다시 지우기를 반복하고 있다. 모든 것이 고맙다. 세희가 겪고 있는 걱정과 고민 또는 일종의 슬픔에 대해 나는 아무런 도움을 주지 못하고 있다. 그러나 나는 속으로 수없이 다짐하고, 또 되풀이한다. 그대에게 기쁨만 주리라고. 언젠가 세희에게 쓴 편지에서 슬프다는 말은 체념한 사람이나 쓰는 말이라고 하지 않았던가. 우리가 만약 슬프다고 느꼈다면 그건 단지 아픔일 것이다.

그러므로 우리는 아무것도 체념하지 않았다. 우리가 키워가는 희망의 약속은 너무 건강하지 않은가. 우리가 넘어야 하는 어려움은 우리의 믿음을 확인하는 과정일 것이다. 운명. 클로드 모네 Claude Monet 앞에 모델 카미유 동시외 Camille Doncieux가 나타난 것처럼. 첫눈에 반하고 사랑에 빠지는 것은 그렇듯 이미 와 있었다. 지키고 만들어가야 할 사랑이 되어 버렸다. 돌아오는 버스 안에서 손을 흔들던 세희 모습이 애처로웠다. 그래서 행복했다. 전혀 마음 상하지 않았다. 갑자기 유명해진 느낌. 꼭 그런 것 같아. 우리 몇 단계쯤 뛰어넘은 것일까. 가슴속 깊은 곳에서 솟아오르는 행복한 마음을 언제쯤 말할 수 있을까 생각하곤 했었다. 조금 앞당겨졌을 뿐이다. 아름답게, 예쁘게 살아가자.

진로백화점에 들러 넥타이도 사고, 앞으로는 밥도 잘 해먹어야지 하며 공기와 국그릇도 사고, 하나만 필요할 것 같던 의자도 세희를 초대하면 같이 밥을 먹어야지 하는 생각에 한 개를 더 사고. 오늘 그랬다. 그러면서 나의 세희를 생각했다. 예전에 나한테 혼자 살면 외롭지 않느냐고 물은 적 있지. 다시 묻는다면 습관이 돼서 괜찮다고 한 말을 바꾸고 싶다. 너무 외롭다고. 어젯밤 나는 지난 한 달간을 돌아봤다. 세희에게 큰 희망도 믿음도 주지 못했음을 알았다. 난 오직 그런 것들의 가능성을 보여 주려 했다. 세희야 노력하자. 우리에게 주어진 여러 가능성에 희망을 불어넣자. H에게 편지를 쓴다. 그대의 손에서 전해진 따스함을 영원히 간직하겠다고.

■■

결혼 승낙을 받고는 모든 것이 순조로웠다. 없는 것 빼고는 다 있는 사윗감을 대하는 장인어른과 장모님은 아들 하나 더 얻은 셈 치고 아낌없는 사랑을 주셨다. 이 선생보다 다섯 살 많은 나의 입장을 고려해 오빠와 언니가 있음에도 먼저 결혼식 올리는 것을 괘념치 않으셨다. "표현하지 않는 사랑은 사랑이 아닙니다. 늘 대화하고, 소통하면서 지혜롭게 행복한 가정을 만들기 바랍니다. 이제부터는 부부로서 서로를 존중하면서 화합과 순응으로 가정을 일구어 나가야 합니다. 옛 어른의 가르침인 부화부순夫和婦順을 꼭 명심하고 실천해 나가길 당부합니다." 주례는 강원도지사를 역임한 함종한咸鍾漢 국회의원이 봐 주셨다. 다른 것은 몰라도 사이좋게 살라는 주례 선생님의 평범한 말씀을 어지간히는 지켜나가고 있다는 생각이다. 딸만 둘을 키우다 보니 남의 혼사에서 아빠 손 잡고 입장하는 신부들 모습만 보아도 눈물이 날 때가 많아 부끄럽다.

일본어를 공부할 때, 한여름 편지나 엽서로 안부를 주고받는 '쇼추미마이暑中見舞い' 문화가 아직 일본인들에게 남아 있다는 사실이 약간 부러웠다. 우리는 '문자'가 다 해주지만 일본은 연하장年賀狀도 인기라고 한다. 나에게로 온 엽서를 오랜만에 받은 것은 올해 초였다. 무슨 바람이 불었는지 "바람 쐬러 나가자"는 이 선생의 말이 떨어지자마자 춘천으로 차를 몰았다. 닭갈비 생각도 있었지만 소양강댐이 보고 싶었다. 대학 때 한 번 가본 기억이 어렴풋 되살아났다. 구불구불한 산속을 올라가자 국내 최대 규모라는 웅장한 다목적댐이 모습을 드러냈다. 바다만큼 파란 물을 보니 가슴이 탁 트이는 느낌이 들었다. 다소 곳한 소양강처녀 동상에 애인처럼 붙어 사진을 찍은 후 '물 문화관'에 들렀는데 안내데스크 옆에 '그리운 우체통'과 누구나 쓸 수 있는 엽서가 준비돼 있었다. 며칠 후 퇴근하니 "나를 찾은 당신이 고맙다"는 엽서가 와 있었다.

15. 신념

"석굴암이야. 아침 잘 먹고, 출근도 잘 했지요. 오늘 바쁘겠네. 이따 통화하자. 보고파용 ♡♡." 학생들을 데리고 경주로 2박 3일간 수학여행을 떠난 이 선생으로부터 출근길에 문자 메시지를 받았다. 이 선생 없이 두 딸과 하룻밤을 보냈다. 새벽 6시 어김없이 휴대전화 알람이 울었다. 은이와 윤이가 깨지 않도록 살금살금 방에서 나와 아침식사를 준비했다. 어젯밤에 쌀은 씻어 놓았고, 된장찌개도 끓여둔 상태다. 달걀이나 하나 더 부치면 될 것이다. 밥솥에 전원을 넣고 현관문 앞에 놓인 신문을 가져다 펼쳤다. 오늘자 아침 신문은 한미 동맹이 심각하게 균열됐다는 기사를 톱으로 올렸다.

12월 한국의 대선을 앞두고 미국 국방부의 외부 조언기구와 미국의 여러 싱크탱크에서 한미 동맹을 재점검하는 연구가 중요 사안으로 부상하고 있다. 미국 외교 싱크탱크에서 한국의 대선을 앞두고 한미 동맹 연구가 집중적으로 이뤄지는 것은 현재 양국 간 동맹이 그만큼 심각하게 균열돼 있다는 인식과 더 이상 훼손돼서는 안 된다는 위기의식이 작용한 것이라고 이들 연구에 참여한 미 외교전문가들은 말했다.

기사는 한국의 대선大選을 앞두고 한미 동맹이 중요 사안으로 떠올랐으며 동맹관계를 정상화하기 위한 양국 차원의 상당한 노력이 필요하다고 밝히고 있다. 1면도 다 읽지 못했는데 은이가 깼다. 눈을 비비며 엉거주춤 걸어 나와 품에 안긴다. "우리 큰딸 잘 잤나. 아직 시간 있으니 5분만 더 누워 있어라. 아빠는 얼른 가서 쓰레기 버리고 올게." 목요일마다 한 번씩 하는 쓰레기 분리수거를 하고 오니 윤이까지 일어났다. "딸들, 물 한 잔씩 먹고 세수하세요." 은이는 세수를 하러 들어갔는데 윤이는 꾸물거리고 있다. "윤아, 오늘 뭐 입고 갈 거야?" "엄마가 오늘 분홍색 블라우스에 카디건 입으라고 했어." 옷 욕심이 많은 윤이의 잠을 깨우기 위해서는 옷 이야기를 하는 것이 빠르다. 무엇을 입을지 물어보니 제 방에 들어가 이 선생이 미리 챙겨놓은 옷을 들어 보인다. "그래, 예쁘구나, 가서 세수하고 나와라."

세수를 마친 딸들이 옷을 입고 나와 식탁에 앉았다. 두부를 썰어 넣은 강된장 찌개와 달걀부침이 반찬이다. 먹는 속도가 조금 느린 것 같아 딸들을 번갈아 먹여 주었다. "아빠가 먹여 주니까 더 맛있지?" "네." 밥을 먹으면서도 엄마를 찾지 않는 것이 기특하다는 생각을 한다. 제법 크기는 했지만 요즘도 가끔은 아침에 눈을 뜨면 침대에 누워 엄마를 부르는 딸들이다. 이 선생이 가서 어루만져줘야 일어난다. 이 선생은 수학여행을 가기 전 두 딸을 앉혀놓고 여러 차례 새끼손가락을 걸었다. "아빠 말씀 잘 듣고, 밥도 잘 먹고, 사이좋게 지내면 엄마가 예쁜 선물 하나씩 사올 거야."

이 선생이 이틀이나 집을 비운 것은 결혼 후 처음인 듯싶다. 방학을 맞아 친정에 갈 때는 딸들을 데려가기 때문에 내가 혼자서 며칠간 지내는 경우는 가끔 있었다. 아침을 먹은 딸들에게 양치질을 시키고, 나도 출근 준비를 서둘렀다. 이 선생이 일러준 대로 옷을 입고 나온 딸들을 앉혀놓고 머리를 빗겼다. 은이는 긴 머리라 가지런히 빗겨 뒤에서 한 번 묶어 주면 된다. 윤이는 단발머리라 핀만 양쪽에 꼽아준다. 윤이가 엄마처럼 양쪽으로 따 달라며 어리광을 부린다. "윤아, 아빠는 따는 것을 잘 못해. 오늘은 그냥 핀만 찌르고 가자." 이리저리 달래 가방을 메게 하고 차에 올랐다. 단지 내에 학교가 있는 은이는 혼자서 걸어갔다. "윤아, 아빠가 5시에 데리러 올 거야. 잘 놀아."

회사에는 30분 정도 출근이 늦을 것이라는 말을 미리 해두었지만 여유 부릴 시간은 없다. 평소에는 지하철로 출퇴근하지만 이 선생이 없는 3일간은 차를 갖고 다니기로 했다. 윤이를 유치원에 보내고 찾아오기 위해서는 그렇게 하는 것이 편하다. 회사로 향하면서 이 선생 없이 하루를 정신없이 보낸 것이 꿈만 같다는 생각이 들었다. "오늘 저녁은 또 뭘 해서 먹일까?" 이 선생은 딸들과 해결해야 할 두 번의 저녁과 두 번의 아침식사 메뉴를 정해 주긴 했다.

어제 저녁은 이 선생이 시킨 대로 은이와 윤이에게 돼지등갈비를 구워줬다. 양면석쇠구이기에 초벌로 적당하게 구운 다음 고추장 양념을 발라 한 번 더 구워냈다. 고기 굽는 냄새를 맡고 나온 딸들은 포크를 들고 서서 다 익기를 기다렸다. 먹기 시합이라도 하듯 소리까지 맛있게 먹어 치우는 모습을 보면서 "너희들 며칠 굶었니?" 하고 물으니 "세상에서 등갈비가 제일 맛있어요"라고 한다. 갈비뼈를 세어보니 각각 일곱 개씩 먹었다. 고기 뜯는 중간 중간 밥도 몇 숟가락 먹였으니 그만하면 됐다. 나는 딸들 먹는 것을 시중들며 마른멸치를 안주 삼아 소주 몇 잔을 마셨다. 등갈비는 맛도 못 보았지만 딸들이 맛나게 먹었으니 그것으로 충분했다.

윤이 데리러 갈 시간을 맞춰 회사에서 4시쯤 나왔다. 유치원에 도착해 현관문을 열자 나를 알아본 선생님이 마이크에 대고 윤이를 찾는다. 한쪽 어깨에 가방을 걸치고 한쪽 손에는 아침에 입고 간 카디건을 벗어 든 윤이가 생글생글 웃으며 달려왔다. "우리 윤, 잘 놀았어. 얼른 가자. 언니가 언제 피아노 오냐고 전화했더라." 윤이는 뭐가 그리 좋은지 잠시도 입을 다물고 있지 않는다.

"아빠, 바람을 왜 동그랗게 그려?" 윤이가 손으로 그림을 그려 보이며 묻는다. "바람을 누가 동그랗게 그렸는데?" "책 같은데 보면 바람을 이렇게 동그랗게 그렸잖아. 바람은 보이지도 않는데." 대략난감이다. 바람을 왜 동그랗게 그리는지 생각해 본 적이 없다. 허리케인 같은 강한 바람을 위성사진으로 보면 둥그런 모양인데 그래서 그럴까. 마땅히 해줄 말이 없다. "윤아, 아마 처음에 그린 사람이 그렇게 그렸나 보다." "왜 처음 그린 사람은 동그랗게 했어?" 화제를 돌려야 한다. "윤아, 지난번 그 광부 아저씨들 살았대."

기적이 일어났다. 칠레 산호세 광산 붕괴사고로 지하 700미터 갱도에 갇혀 있던 33명의 광부들이 구출됐다. 사고가 난 지 69일만이다. 사고 발생 일주일 후 칠레 정부는 "생존 가능성이 없다"고 발표했으나 17일째 되는 날 구조대 드릴에 생존을 알리는 쪽지가 매달려 올라왔고, 세계인이 지켜보는 가운데 이들은 구조 캡슐 '페닉스(불사조)'를 타고 올라왔다. 광부들은 막장의 어둠 속에서도 희망의 끈을 놓지 않고, 생환을 확신하며 서로를 격려했다고 한다. 내용을 잘 모르는 윤이도 차근차근 설명을 해주자 "야호! 신난다" 하며 즐거워했다.

아침 먹은 설거지를 마칠 때쯤 은이와 윤이가 손을 잡고 돌아왔다. 2~3시쯤 수업이 끝나는 은이는 4시에 시작하는 영어 학원을 가기 전까지 학교 독서실에서 책을 보며 시간을 보낸다. 영어 학원을 마치면 바로 옆에 있는 피아노 학원으로 향한다. 윤이와 만나 한 시간 정도 피아노를 치고 함께 집으로 오는 것이다. "딸들, 오늘 고생 많았어요. 손발 씻고 나오면 아빠가 오늘도 맛있는 저녁을 주겠습니다." 오늘 저녁의 주 메뉴는 고등어구이다. 커갈수록 식성이 좋아지는 딸들은 저희들 입맛에 맞으면 아빠만큼 밥을 먹을 때도 있다.

어느덧 저녁시간이 지나고, 밤이 되었다. "딸들아, 내일 저녁때면 엄마가 온다. 우리 딸들이 밥도 잘 먹고, 아빠 말도 잘 들어서 너무 좋다. 엄마가 무슨 선물을 사올까?" 두 팔을 벌려 한쪽에는 은이 또 한쪽에는 윤이를 눕혔다. 이 선생만 쓰게 하는 팔을 두 딸에게 내준 것이다. "아빠, 옛날이야기 해주세요." 겨드랑이를 파고들며 딸들이 보챈다. "토끼와 거북이 이야기는 지난번에 했으니까 오늘은 다른 거 해줄게." "일토, 일북이 이야기도 좋은데." 뜸을 들이자 윤이는 예전에 들려준 토끼와 거북이 동화가 생각난 모양이다. "음~. 아빠가 웃긴 이야기 하나 해줄게." 불은 껐지만 호기심 어린 눈으로 쳐다보는 딸들의 모습이 보이는 듯하다.

"잘 들어봐. 옛날 옛날에 아주 힘세고 무서운 호랑이가 살고 있었어. 그런데 그 호랑이는 과일을 엄청 싫어했어. 은이와 윤이는 과일 좋아하지?" "응." 딸들이 벌써부터 무서운지 조용히 대답했다. "어느 날 호랑이의 생일날이 됐어. 큰 잔치가 벌어졌지. 여러 동물이 호랑이의 생일을 축하해 주기 위해 모여들었어. 그런데 호랑이의 화를 돋우는 일이 벌어지고 말았어. 왠지 아니? 토끼가 사과를 선물로 가져온 거야. 그것도 세 개씩이나." "아빠, 그 토끼 잡아먹혔어?" 은이가 답을 아는 듯이 물었다.

"벌을 받게 됐지. 호랑이는 부하 호랑이들에게 당장 이 사과를 저 토끼의 콧구멍에 집어넣으라며 소리를 질렀어. 토끼는 겁에 질려 벌벌 떨며 끌려갔어. 그렇게 끌려가던 토끼가 갑자기 배꼽을 잡고 웃는 거야. 토끼가 왜 웃었을까?" 은이와 윤이는 얼른 답을 말해 달라고 조른다. "그건 바로 수박을 선물로 가져오는 다람쥐를 보았기 때문이야." 딸들은 한동안 무슨 말인지 몰라 웃지도 않는다. 이 녀석들이 난센스를 모르는군. 처음부터 다시 한 번 풀어주니까 은이는 이해를 하고 키득거리는데 윤이는 그래도 모르겠다는 표정이다. 윤이가 먼저 잠에 빠지고, 은이의 눈꺼풀도 차츰 내려앉고 있었다. "자장, 자장, 자장, 자장~. 우리 큰딸 잘도 잔다."

딸들은 깊은 잠에 빠져들었는데 나는 잠이 오지 않아 거실로 나왔다. 결혼한 지 10년이 지나고 있지만 아직도 이 선생이 옆에 없으면 쉽게 잠을 잘 수 없다. 남들 이야기를 들어 보면 방을 따로 쓰는 사람도 있다고 하고, 이불을 각자 덮는 사람도 있다고 하는데 우리는 애당초 그런 생각을 해보지 않았다. 이 선생은 잘 자고 있을까. 단 이틀 밤 떨어져 있는 것인데 걱정도 되고 보고 싶은 마음이 짠하다. 상대방이 "사랑해"라고 하면 "그래"라고 하지 말고 "나도 사랑해"라고 해야 한다던데 말로는 그리하지 못했다. 책장에서 그동안 주고받은 편지 모아둔 것을 꺼내 읽으며 옛 생각에 젖어들었다.

그것은 쓰는 사람의 입장에서 읽은 것과 보고 들은 것을 삽화적으로 나열하고, 거기에서 삶에 대한 어떤 태도를 찾아내 표명한다. 어떤 태도를 표명한다는 점에서 그것은 철학에 가까워지지만 읽고, 보고, 들은 것을 삽화적으로 나열한다는 점에서 그것은 문학에, 아니 소설에 가까워진다.

편지를 읽다 말고 문득 김현金炫 선생이 이야기를 '장르별로 가르면' 어떤 것은 소설이 되고, 어떤 것은 수필이 되고, 어떤 것은 자서전이 된다고 한 말이 떠올랐다. 여기저기 찾아 보니 대학 때 읽은 그의 책《분석과 해석》에〈소설은 왜 읽는가?〉편에서 그는 수필은 붓 가는 대로 쓴 글이 아니라며 "수필은 철학의 세계관과 소설의 구체성 사이에 존재하는 장르"라고 정의했다.

김 선생은 수필은 단편적인 이야기들을 모아 세계에 대한 태도를 표명하기 때문에 이야기들은 단편적이지만 그것은 구체적이고 비관념적이라고 했다. 또한 단편적인 혹은 삽화적인 이야기들을 통해서 세계에 대한 태도를 표명하기에 비체계적이고, 반체제적이지만 그 이야기들에게는 진솔한 삶의 지혜가 담겨져 있다고 밝혔다. 그렇다면 내가 이 선생에게 적어 보낸 것은 편지일까 아니면 수필일까 하는 의문이 들었다.

대학시절 나는 당대의 대표적인 문학평론가로 추앙받은 김 선생의 비평을 보며 '읽혀지지 않는 읽음'과 '읽음의 읽혀지지 않음'에 괴로워하기도 했다. 그가 제일 싫어한 것 가운데 하나가 자신이 읽지 않고 풍문으로 말하는 것이라고 했는데 나는 읽기는 했으나 그것으로 읽지 않은 것보다 근원적인 물음에 도달하지 못했다.

그의 미려美麗한 문장과 꼼꼼한 읽기에서 비롯된 독창적인 분석은 전율에 가까웠다. 특히 그의 텍스트에 대한 입장은 뭐 하나 쉽게 쓰면 안 된다는 교훈처럼 느껴져 아직까지도 나를 글쓰기와 글 읽기의 고통에서 헤어나지 못하게 할 때가 많다. 그는 텍스트라는 것은 어떤 제목 밑에 딸린 모든 것을 포괄하는 중성적 명칭이고, 모든 장르적 구분과 양적 구분을 함축하고 있는 개념이라고 본다. 그는 그런 의미에서 텍스트가 매우 자명한 개념처럼 보이기도 하지만 텍스트를 자세히 들여다보면 그 요소들이 간단치 않다는 점을 지적한다. 제목과 필자의 이름, 책의 표지나 날개에 붙어 있는(있을 수도 있고 없을 수도 있는) 인용문들, 띠지에 쓰여 있는 글들은 텍스트에 속하는 것인지 그렇지 않은 것인지를 묻는다.

어디까지를 텍스트라 부를 수 있는가 라는 우스꽝스러운 질문도 그 문제에 허심탄회하게 접근하면 그리 간단한 문제가 아니다. 텍스트에 관련된 모든 것은 다 텍스트라고 동어 반복적으로 쉽게 말할 수는 없다. 우선 제목과 필자의 이름에 대해 그것을 텍스트라고 분명히 말할 수도 없지만 아니라고 말할 수도 없다. 그 다음의 것들은 더 말할 나위도 없다.

■■
뉴스가 많은 것이 뉴스다. 오늘 신문은 대통령이 개헌안을 내겠다는 것과 검찰 출석을 하루 앞둔 MB 관련 소식을 크게 전하고 있다. 정봉주는 성추행을 안 했다고 하고, 조민기는 죽기 전 위험신호를 보냈다고 한다. 작년에 국민 1인당 소주 70병을 마셨다는 것과 TK서 한국당 지지율이 낮다는 뉴스 같지 않은 뉴스도 있다. 내 한 몸 건사도 힘든데 자녀와 부모를 동시에 부양해야 하는 50~60대 더블케어족族이 전체 가구의 34%란다. 딸들에게 신문 읽기를 많이 권한 나로서는 그게 잘한 일인지 긴가민가하다. 김동길金東吉 선생이 '인물 에세이-100년의 사람들'을 〈조선일보〉에 연재하고 있다. 함석헌, 이주일, 박경리, 장준하, 김영삼, 김수환, 이병철, 전두환 등이 나왔고 더 많은 이가 나올 것이다. 그는 이 연재를 시작하며 "내가 좋아하는 사람과 싫어하는 사람 사이에 어떤 넘지 못할 담이 있는 것도 아니라는 생각이 든다"고 했다. 구순九旬 논객의 진심일 것이다.

중국의 사상가이자 문학가인 루쉰魯迅의 삶은 예전에 떨어져 이미 시들어버린 꽃, 그 꽃들을 다시 불러내 새로이 생명을 불어넣는 생환生還의 작업이었다. 조화석습朝花夕拾은 절망 속에서 희망을 찾아내는 과정이다. 내가 이제껏 묻히고, 사라질(수밖에 없는), 그리되는 것이 당연한 이야기를 끄집어낸 것은 살아 있음을 느끼기 위해서였다. 지천명知天命이 되었지만 하늘의 명은 알 도리가 없다. 그저 나의 살던 고향과 툇마루가 있는 초가집, 함께 미역 감던 동무들, 만들기 숙제로 진달래나무 뿌리를 캐던 그 시절이 잊히는 것이 아쉬웠다. 잊지 않는다고 해서 그것이 무슨 큰 의미가 있는 것은 아닐지라도 나는 그것을 잊지 않는 나를 기억한다. 가난하지만 추醜하지 않고, 공부가 크지 않지만 천賤하지 않고, 너그럽지는 못하더라도 협량狹量치 않은 삶이 나의 바람이다. 장문長文을 마치며 에필로그에 대신한다. "아침 꽃을 저녁에 줍다."

발문

새로운 장르를 향한 긴장 그리고 자기애

박인기 경인교육대학교 명예교수[*]

창의적 변이를 보여 주는 개성적인 글

이낙진의 에세이집 《달나라로 간 소신》은 자신의 성장과 더불어 생애 경험들을 내러티브 양식으로 쓴 글이다. 이런 종류의 글을 일컬어 학계에서는 '경험서사經驗敍事' 또는 '자기서사自己敍事'라고 한다. 더 일반적인 용어로는 '자서전'이라는 말을 쓰기도 하지만 이 책에 실린 글들은 자서전의 보편적 양식을 그대

---

[*] 1951년 경북 김천시에서 태어나 서울대학교 국어교육과를 졸업하고, 동 대학원에서 교육학 박사 학위를 받았다. EBS 프로듀서, 한국교육개발원 연구원, 청주교대 교수를 거쳐 경인교대 국어교육과 교수를 역임했다. 《문학교육론》《문학교육과정의 구조와 이론》《한국현대문학론》 등의 연구서와 수필집 《송정의 환》 등을 발간했다. 현재는 한국독서학회 고문, 학교법인 송설당교육재단 이사로 활동하고 있다.

로 순종하여 쓴 글은 아니다. 글의 형식이나 구성에서 상당한 개성을 보이면서 이른바 창의적 변이變異를 보여 주고 있다. 그만큼 글들이 주는 인상이 마치 자서전의 새로운 장르를 만나는 듯하다.

글쓴이가 보여 주는 매우 독특한 글쓰기 방식은 어디서 오는가. 그것은 글의 내용과 소재를 다룸에 있어서 이전의 익숙했던 자기서사(자서전) 방식을 넘어서 보려는 데서 온다. 이를 두고 작가의 감수성이 참신하다고 말해도 무방하리라. 이는 단순히 글의 구성과 표현에서 어떤 산뜻한 기술을 구사했다는 것을 넘어서는 그 무엇이다. 그것이 무엇일까. 그것은 작가의 글쓰기를 향한 태도라고 나는 본다.

본인은 의식하지 못하겠지만 작가는 글쓰기의 '교양적 이상'에 다가가려는 노력을 하고 있다. 교양적 이상이라 함은 무엇인가. 그것은 글쓰기 행위에 대한 높은 가치 인식이기도 하다. 글쓰기를 통하여 자기를 재발견하고, 그 과정에서 자아의 정신을 더 높게 이끌어 올리는 자기 연마의 경지를 글쓰기에서 구하려는 것 아니겠는가. 여기 실린 글들은 그런 고민의 흔적을 내면에 깔고 있다. 그는 내색하지 않지만 이렇게 글을 쓰고 있는 자아를 스스로 의미 있게 여기려는 마음을 품는다. 글쓰기의 성찰적 가치를 체득하고 구현하려는 데서 교양적 이상이 자리 잡는다. 이처럼 글쓰기의 가치를 작가의 의지적 작용으로 설명한다면, 그래서 얻는 글쓰기의 정신적 유익을 좀 더 설명하면 다음과 같다.

글을 쓴다는 것, 특히 자아와 대면하여 글을 쓴다는 것은 그 자체로 자기 존재를 도야陶冶하는 과정이다. 더구나 자신이 써내고자 하는 텍스트(자아와 대면하는 내용)라는 것이 '내가 살아왔던 시간 안에 들어 있는 나의 구체적 경험'일 때는 글을 쓰는 동안 각별한 도덕적 각성이 나의 내부로부터 호출되어 나온다.

이 각성이라고 하면 죄를 떠올릴 사람이 있을지 모르겠다. 글쓰기가 가져다주는 각성은 무슨 규범 일탈의 과오를 자책하는 그런 종류의 것이 아니다. 그것은 '상당히 괜찮은 자아'를 재발견하는 것에 오히려 가깝다. 내가 이런 면을 지니고 있었다니 하는 깨달음이거나, 뒤늦게 누구를 진정으로 용서하게 된다거나, 내 옹졸함을 발견하고 기꺼이 나를 대견스럽게 변화시키거나, 그간 무심했던 타자에 대해서 아름다운 연민을 불러일으킨다거나, 상실과 상처로 아프게 갇혀 있던 마음의 질곡을 너그럽게 해방시켜 준다거나 하는 등등의 것이다.

그런 각성은, 본인은 그것이 유쾌함의 일종인지도 모를 정도로 은은하고 그윽하게 유쾌하여 글쓰기가 부여하는 '생의 숙성'을 이루어 가게 한다. 이런 글쓰기는 내가 내 존재를 대견하게 발견해 가는 과정이어서 글을 쓰는 동안 내가 나를 가르치는 자기교육의 효과를 경지에 가닿게 한다. 작가는 대개 이런 글쓰기 철학을 명시적으로 표방하지는 않지만 그저 겸손하게 스스로 내면화해 두고 있다. 그는 글쓰기에 경건하게 임한다. 그리고 진지해진 자아를 글쓰기에 투사한다. 그러므로 글쓰기를 통해서 '깨어 있는 자아'를 고수함은 당연하다. 가벼움이 넘쳐나는 세태에 이런 종류의 글쓰기는 오히려 희소하다. 글쓰기를 실용의 기능 면에서만 강조하는 글쓰기 교육이 대세를 이루는 세태이지 않은가.

쓰기와 읽기의 선순환이 주는 동력

작가의 글쓰기에는 항상 '읽기'가 들어 있다. 어떤 소소한 일상의 구체적 사건, 어떤 은밀한 감정의 서술에도 읽기는 늘 따라붙는다. 읽기 위해서 쓰는 것인지 쓰기 위해서 읽는 것인지 모를 정도로 읽기가 들어 와 있다. 수록된 글 중 '여름'이나 '성장', '청춘'이나 '편지', 마지막의 '신념' 편에 이르기까지 그 어느 것을 들추어 보아도 읽기에 침잠해 있는 작가의 내면 모습들이 갈피마다 조금씩 삽입되어 있다. '내공'이나 '원고'는 글쓰기로 일상화된 직업인의 면모를 자화상으로 그리지만 그런 글에도 읽기의 그림자가 행간에 숨어 있다. 그렇다. 그는 습관화된 독서인인 것이다.

그의 글이 지극히 일상적 사건들을 통속의 모드로 늘어놓고 있어도 일정한 지성의 무늬를 띠는 것은 이런 읽기의 개입 때문이다. 읽고 쓰는 일이 일상과 생활 속에 녹아든 그의 삶과 체질을 엿보게 하는 대목이다. 쓰는 일이야말로 읽기를 딛고 일어선다. 그 말은 이렇게도 표현할 수 있다. "가장 적극적인 읽기는 글쓰기를 불러온다." 읽기를 치열하게 하다 보면 글을 쓰고 싶은 욕구가 생긴다. 어느 순간 읽기가 쓰기로 비등하는 것이다. 섭씨 100도에서 물이 섭씨 100도의 증기로, 즉 같은 온도에서 액체가 기체로 변하는 이치가 이와 같다고나 할까. 작가는 이 점을 잘 알고 있다. 아니, 일상에서 습관으로 실천하고 있다. 그가 쓴 15편의 글에는 수많은 독서 체험들이 그의 글쓰기에 관여하기도 하고, 그의 글쓰기에 무지개처럼 아름다운 배경으로 걸리기도 하고, 그의 글쓰기에 지적 무게를 더하기도 한다.

그는 그의 생애 체험을 글로 쓰면서도 그 체험들에 모종의 읽기 경험들과 조우시킴으로써 사실은 그의 읽기를 자신의 인생 체험 텍스트 안으로 녹여 들게 해서 글쓰기와 읽기를 순환시키는 모습을 보여 준다. 역으로도 설명이 가능하다. 모든 글쓰기의 국면마다 그의 지력智力 안에 숨어 있던 읽기의 동력들이 살아나와 그의 글쓰기를 추동하게 한다. 이렇게 쓰는 글이야말로 가장 자기 주도적인 글쓰기이다.

'자기서사 쓰기'는 '자기 인생 다시 읽기'와 언제나 맞물린다. 이런 경우 쓰기와 읽기의 선순환은 피할 수 없는 운명이다. 글을 써 본 사람이라면 누구나 알 것이다. 내가 내 글을 쓰면서 부단히 내 글을 내가 읽는다. 그리고 반복적으로 내가 쓰는 글을 읽는다. 어휘를 고치고서 다시 읽고, 문장을 바르게 하고서 다시 읽고, 표현을 더 적실的實하게 하고서 다시 읽고, 문단을 수정하고서 다시 읽고, 상상력을 발동해 보고 나서 다시 읽는다. 자기서사인 경우 고생 많으신 어머니를 연민의 정으로 되돌아보고 다시금 보충하여 써넣고서 다시 읽고, 무심하게 대했던 아내의 자리를 새롭게 알아차리면서 글을 고쳐 쓰고 다시 읽는다.

익숙하지 않지만 신선한 방식의 매력

작가도 그리했을 것이다. 자신의 생애 이야기를 글로 쓰면서 그렇게 자기가 쓴 글을 고치고 다시 읽는 일의 내적인 작용은 무엇일까. 그것이야말로 내적으로는 내 인생을 꼼꼼히 다시 읽는 일이다. 어휘나 표현을 고치려고 다시 읽는 것 같지만 자신도 모르는 사이에 자신의 인생을 반추反芻하는 과정이 되는 것이다. 이전에는 발견하지 못했던 내 인생을 새로 읽는 것이다. 이전에는 별 의미 없었다고 여겼던 내 인생의 장면 하나를 이번에는 의미 충만하게 읽는 것이다. 그러고 보면 자기서사를 글쓰기로 몰두하는 일은 그 자체가 '내 인생 다시 읽기'의 한 과정임을 알 수 있다. 이 과정을 이 책은 매우 진지하고도 역동적으로 보여 준다. 독자인 우리는 작가가 그렇게 인생 읽기를 하고 지나간 궤적을 따라 가보는 것이다.

《달나라로 간 소신》은 장르 개념으로 보면 어디에 배치해야 할지 다소 모호한 텍스트이다. 수록된 15편의 글들은 대체로 작가가 살아온 경험을 내러티브 방식으로 쓴 글이다. 그가 이 책에서 구사하는 내러티브란 것이 온전한 이야기 스타일로 존재하지는 않지만 어쨌든 서사 장르를 기본 축으로 해서 쓴 글이기 때문에 자서전의 일종으로 볼 수 있다. 그러나 일반 자서전이 보여 주는 연대기적 질서를 중시하지도 않고, 겪은 사건을 일관되게 그것만을 전개하는 단일한 구성으로 처리한 것도 아니다. 그러하니 우리에게 익숙한 자서전 장르와는 거리가 있다. 그의 글은 어떤 주제를 추구하든 다양한 이슈와 또 다른 문화적 지식들을 매우 풍성하게, 그가 직접 겪은 이야기 안에 녹여 들인다.

그런가 하면 그는 시사적 이슈를 항상 그가 쓸 글의 맥락 요소로 끌어들인다. 언론에 종사하면서 기른 시사적 감수성을 조화롭게 연결시키는 재주가 일품이다. 이런 것을 보면 《달나라로 간 소신》에 수록된 15편의 글은 격조 있는 칼럼과도 같은 인상을 주기에 충분하다. 신문기자로 살고 있는 작가의 인생을 고려한다면 그런 인상을 받는 것은 당연할지도 모른다. 그런데 여기의 글들은 기묘하게도 저널리즘의 칼럼과는 현격한 차이를 갖는다. 문학적 감성과 정서가 자못 풍성하기 때문이다.

하나 더 중요한 것은 그가 몰입하여 원용하는 정서나 감성이 진부하지 않고, 그 감성이 그가 제시하고 있는 어떤 지적 각성 intellectual reflection에 잘 호응하고 있다는 점이다. 그러니까 문학 내공이 은연중에 배어 있다는 말이다. 이 정도면 글쓰기 내공이 아마추어의 수준을 벗어난다. 사실 그는 글쓰기로 자신의 직업 전문성을 쌓아 온 인물이다. 문학 작가는 아니지만 글쓰기를 '일용할 양식'처럼 가까이해 온 사람이다. 요컨대 그는 신문이라는 그의 영역에서 나름의 글쓰기 전문가이다. 소설가 같은 문학 장인匠人은 아니라 할지라도 그는 그가 일해 온 글쓰기 장르에서 단단한 내공을 쌓은 글쓰기 전사이다. 더구나 그 글쓰기를 아직도 현업으로 가지고 있다. 본인은 자신의 글쓰기가 신통치 않다고 하지만 지나친 겸양이다. 그는 글쓰기로 평생을 살아온 사람이다.

아무튼, 그가 이번에 내놓는 책에서의 글쓰기는 사뭇 다른 차원을 개척한 글이다. 자신이 평생 써 온 글쓰기와는 다른 종류의 낯선 장르의 글쓰기에 임하면서, 그는 시종 긴장감과 경이감을 드러내는데 글의 행간과 층위를 달리하여 주제를 다루어 나가는 글쓰기 과정이 그것을 반영하고 있다. 그는 진부한 트랙으로 상투화되는 글이 되지 않도록 긴장한다. 그 긴장이 자칫 겸손을 방해할까 봐 재차 긴장하기도 한다. 자신의 삶과 자아self를 설명하는 여러 장면에서 그는 오로지 겸손하고 성실하다. 그래서 신문 글쓰기와는 다른 새로운 글쓰기 영토에서 글쓰기의 새로운 지평 하나를 발견한 학습의 보람을 느끼는 데에 도달한 듯하다. 그리고 그 보람을 위해 매달린 자신에 대해서 사랑을 느끼는 하나의 의미 있는 자기애自己愛를 경험하는 듯하다.

빠름과 느림을 통한 성찰과 인식

자기애는 인간 발달에서 대단히 중요한 경험이다. 청소년기이든 중장년기이든 상관없이 매우 소중한 인간발달의 가치를 지니는 것이 자기애이다. 자기애를 통하여 인간은 감사와 나눔의 지혜를 익힌다. 인간적으로 성숙하는 것이다. 그런 성숙이 안으로 동반하는 어떤 정신적 지향mentality은 '본인도 알아차리지 못하는 행복'이다. 평생을 살면서 이런 의미 있는 자기애를 한 번도 절감하지 못하고 지내는 사람도 많다. 그런 점에서 작가의 글쓰기는 교육적이다. 스스로에게도 교육적이고 독자에게도 교육적이다. 자신을 의미 있게 가르치고 성숙시킨다는 점에서 작가 자신에게 교육적이고, 독자에게 자기 경험을 글쓰기로 담아내며 삶과 정신을 의미 있게 이해하는 방식을 배우게 해 준다는 점에서 교육적이다.

경험과 기억을 여러 중층重層으로 글 속에 구축해 놓은 것만큼이나 그것을 음미하는 느낌과 해석과 의식도 다채로울 것을 요청하는 것이 이낙진의 글이다. 그것이야말로 순전히 독자의 몫이다. 바로 그 점이 작가의 글이 보여 주는 개성이다. 글의 개성이라고 했지만 근본은 작가의 사유思惟가 품고 있는 개성이라 함이 마땅할 것이다. 그는 개성적 인물임에 틀림없다. 그런 의미에서 작가가 그의 이야기를 구성한 방식에 대해서 이해를 해 볼 필요가 있다.

이 책은 작가의 생애를 구성했던 체험에서 연유하는(체험을 의미 있게 표상하는) 15개의 주제들로 이야기를 만들어 간다. 이들 15개의 경험 내러티브를 그는 모종의 음악 리듬 범주로 묶어서 '목차'로 구성해 보인다. 'moderato/ ritardando/ a tempo' 등으로 범주화한 것이 바로 그것이다. 이는 서양 음악에서 박자의 빠르기 정도를 나타내는 음악 용어다. 이는 작가가 그의 생애 흐름 전체를 어떻게 보려고 하는지에 대한 일정한 시사示唆를 준다고도 할 수 있다.

멋 부리기의 목차 방식을 넘어서는 그 어떤 의미가 있는 것이다. 작가가 기억을 대하고 분류하는 태도를 엿볼 수 있다. 이 목차를 들여다보면 작가의 글을 읽어내는 심층을 하나 더 들어갈 수 있을지도 모르겠다. 살아온 시간과 경험 전체를 어떤 인식의 또는 어떤 성찰reflection의 틀로 보려고 하는지를 엿보게 하는 암호와도 같은 역할을 하기 때문이다. 그는 인생과 경험을 빠름과 느림의 변주로 보는 것인가. 그 빠름과 느림의 공간 안에서 신과 운명의 모습을 마침내 어슴푸레 대면하게 되는 것인

가. 하필이면 빠르기 정도의 음악적 리듬 표현 방식으로 기억과 경험을 수렴하려고 하는가.

아마도 이런 식의 목차 범주 정하기는 자아와 인생에 대한 어떤 무의식적 해독decoding의 단서가 될 수 있을 것이다. 음악의 박자 기호로 접근한 것은 예술적 감성을 전제로 하는 것이다. 그는 아마도 자신의 생애적 사건과 그것들의 의미와 흐름을 아름다움을 표현하는 심미적 방식으로 설명해 보려고 하는 의도를 가진 것 아닐까. 그가 글쓰기 동기에서 젊은 시절부터 가지고 있었다는 문학적 동기와 성취의 꿈, 예술적 지향은 아직도 그의 숨은 내면에서는 살아 있는 것 아닌지 모르겠다.

처음 다섯 개의 이야기는 moderato라는 대주제로 묶여 있다. moderato는 '보통 빠르기로'라는 음악 기호이다. 가장 오랜 역사적 기원을 갖는 빠르기 지시 기준이란다. 그 moderato에 맞추어 여기에 실려 있는 다섯 편의 글들은 가장 안정적인 시기의 생애와 생활들이 실려 있다. 걱정이 없던 날들, 갈등과 불안으로부터 자유롭던 날들, '지금 여기now and here'의 평범한 생활과 현실, 그 평범함 가운데 숨어서 잦아드는 행복의 시간들, 가깝고 친밀한 가족들을 향하는 소중하고 편안한 정서, 어린 유년의 뜨락과 그 시간을 둘러싸고 있던 충청도 산골 마을의 자연들이 작가가 moderato로 호흡하고 싶은 시공인지도 모르겠다.

중간 다섯 개의 이야기는 ritardando라는 대주제로 모여 있다. ritardando는 '점점 느리게'를 지시한다. 인생에서 겪은 일들 가운데 어떤 것들을 느린 리듬으로 맡겨 두고 싶은가. 더 느리게 늘여서 기억의 강에서 더 천천히 흘러갔으면 좋겠다 싶은 것은 무엇인가. 독자들은 굳이 작가의 이야기만 코를 박고 따라갈 필요는 없다. 내 인생에서 느린 리듬에 맡겨 두고 싶은 기억들은 어떤 것이 있었는가를 먼저 떠올려 보아도 좋다.

ritardando의 범주에 있는 이야기들은 대체로 로맨티시즘의 영토에 있는 것이다. 내 인생의 낭만주의를 지탱하는 성장기의 부끄러움과 아픔, 딸들을 키워내는 아버지로서 육친애의 시간들이다(그는 이 대목에서 시간이 빨리 흘러가 버렸음을 서운하게 토로한다). 어른들의 죽음도 이제는 아련한 향수처럼 감돌고, 윗대 조상들에 대한 상상력과 뿌리 의식, 라면이란 음식 코드에 지나온 세월과 모든 관계들이 친화적으로 만나고 순종하는 기억들이 수집된다. 가난이 있어서 낭만이 오롯이 살아 있다는 생각이 들게 한다. 가난과 순수가 대비되어 공존하는 모습은 오래 마음에 남아서 감돈다. 마냥 느리게 반추될수록 내 안의 향수를 일깨우는 것들이다. 공감과 동화_{同化}를 넘나들 수밖에 없는 대목들이다.

마지막 다섯 개의 이야기는 a tempo라는 대주제로 모여 있다. a tempo는 '본디 빠르기로' 하라는 것이다. 그러니까 느리게 하기ritardando 이전의 처음 박자 상태로 돌아가라는 지시다. 이 장에서 작가는 현재형의 이야기들을 한다. 그것은 마냥 낭만의 모드로만 처리할 수 없는 인생사 현실 이야기인지도 모른다. 원고를 쓰고, 출장을 가고, 변함없이 진행되는 일상 현실 속에서도 글쓰기와 신념의 함수 관계를 머리 안에 고통 방정식으로 거느리고 산다. 그런 내러티브들이 이 마지막 a tempo 장에 모여 있다. 보통 빠르기로 돌아가야 하는 생의 과업들이다. 여기에 학창 시절 학보사 기자로 불의에 저항하던 이야기 '청춘'을 넣은 것은 무슨 의미일까. 그가 가진 '기자 정체성'은 과거 청년 학생 시절만이 아니라 지금 현재까지도 진행형으로 이어져 있는 정체성이라는 뜻일까. 나는 그렇게 읽는다.

오케스트라 울림 같은 다성적 작용

작가의 글은 팔색조와도 같은 다채색의 느낌으로 다가온다. 서로 다른 경험과 사유를 부지런히 그리고 역동적으로 조우시켜서 마치 심포니 오케스트라의 작용과도 같은 의미의 다성적 울림을 빚어내게 하는 것이다. 원래 글쓰기에서 다성적polyphonic 울림을 빚어내는 특장을 보이는 장르는 근대 이후의 장편소설이다. 근대 장편소설이 그려 보이고자 하는 근대 자본주의 세계의 총체상이야말로 단일한 언어(시점이나 문체 등), 단일한 인물, 단일한 사건, 단일한 주제로는 드러낼 수 없기 때문이다.

이 글은 물론 장편소설은 아니다. 그러나 작가의 생애적 경험을 서사화하는 글로써 그런 다성적 울림의 글쓰기 의식을 발현하는 것은 창의적이다. 기억의 해석과 판단의 성숙을 위해서도 대단히 소중한 전략이라 하겠다. 작가는 그런 노력을 진지하게 한다. 기억이 파편으로 나열되거나, 경험에 대한 해석이 단조로운 규범주의로 빠지지 않기 위해서 상당한 지적 노력을 해야 한다. 자기 삶으로부터 생성되는 자기의 의식을 기억으로 부활시키려고 할 때, 그 기억이 사실은 그 무렵의 여러 경험과 사유에 의해서 융합되고 입체화된 것이라는 것을 작가는 끊임없이 각성하면서 이 글을 쓴다.

두 개 이상의 사건event이 하나의 구조로 들어오고, 하나의 글 안에서 여러 개의 주제가 오버래핑overlapping된다. 당연히 단일한 주제의 굴레에 갇히지 아니하고, 다채로운 주제의 무늬를 보인다. 마치 다초점렌즈와 같이 대상과 세계를 여러 개의 시야와 연관되는 다양한 경험역經驗域으로 끌고 들어와서 보게 한다. 이질異質의 요소들을 글 안에서 통합하고 순환시키는 작가의 역량이 도드라져 보인다. 예를 들어 보자. 이 책의 첫 장에 나오는 글 '여름'은 앞에서 말한 심포니 오케스트라의 다성적 의미 울림이 두드러진 글이다. 작가의 글쓰기 내공이 만만치 않음을 보여 준다. 보통의 자기서사로서의 글쓰기는 이렇지 않다. 단일한 사건을 중심축으로 자기 경험을 하나의 선, 하나의 톤으로 표현하면서 되도록 이야기 근본 축을 벗어나지 않으려고 하는 것이 일반적 자기서사의 양식이다. 그런데 이 글 '여름'은 이런 진부한 패턴을 보기 좋게 벗어나는 양상을 보여 준다.

조금 더 부연해 보자. '여름'은 서로 다른 형질의 경험과 기억들이 참으로 다채롭고도 역동성 있게 함께 들어와서 서로 친숙하게 만나고 어울리며 글 한 편을 건축^{constructing}한다. 그것(글)은 하나의 오묘하면서도 완벽한 구조^{structure}로서의 건축물에 비견할 수 있다. 이를테면 다양한 요소들이 다양한 기능과 효과를 도모하며 설계되어 작동하는 다목적의 복합적인 '스마트 빌딩'과도 같은 것이라 할 수 있다. 예컨대 연관된 외부의 텍스트를 지적 맥락으로 끌어들여서 지적 사유의 깊이를 더한다. 이 점을 긍정적으로 승인해 줄 때, 비로소 그의 글이 지니는 울림의 마력과 안으로 내분비되는 의미의 다채로운 결^{texture}을 음미할 수 있을 것이다.

'여름'이라는 제재^{topic} 아래서 휴가와 독서와 가족이 함께 들어와 경험의 중층을 오묘하게 형성한다. 휴가와 가족 사이를 독서와 영화와 놀이와 음식들이 자유롭게 교유한다. 독서에는 작가 내면의 지적 풍경들이 어리듯 지나가고, 영화는 그 무렵 대중들의 감수성에 다가가면서 작가의 비평적 감식안이 은연중에 발휘된다. 그러나 그런 것들이 이 글이 전하고자 하는 전언傳言의 중심부를 차지하지는 않는다. 오히려 평범한 일상인 듯 흔한 감성인 듯 풀어 놓는 가족들의 이야기, 여름이라는 휴가의 여로에서 만나고 헤어지고 함께 놀고 밥 먹고 하는 처가의 가족들의 이야기가 무언가 더 핵심의 자리에서 얼굴을 내미는 듯하다. 글의 서두에 풀어놓은 독서나 영화 이야기에 비친 지적 풍경들이 이들 가족 이야기들에 어떤 방식으로든 관여하리라. 그것이 이 글의 묘미이다.

존재의 총체를 드러내기 위한 노력

좋은 설명은 대상을 총체적으로 이해하게 하는 설명이다. 대상의 한 단면만 말한다든지, 대상의 표면만 언급한다든지, 인물의 (정신적 측면은 빼고) 육체적·물질적 측면만 설명한다든지 하는 것은 총체성을 보여 주지 못하는 설명이다. 소설이든 자서전이든 인물과 세계를 총체적으로 보여 주는 데에 표현 예술의 등급이 매겨진다. 중요한 것은 '기억'이다. 기억을 정련시키지 않으면 글을 쓸 수 없다. 기억이 얼마나 소중한 것인지, 기억이 곧 존재를 존재이게 하는 것임을 생생하게 확인시킨다. 기억을 상실한다는 것은 존재를 상실하는 것과 같다. 기억을 상실한다는 것은 나에 관한 이야기를 잊어버리거나 방치한다는 것과 같다. 각성이란 무엇인가. 내가 나의 기억과 나의 이야기를 시간과 더불어 오래 음미하는 것 아니겠는가. 이 평범한 사실을 그의 글에서 확인한다.

앞에서 살펴본 대로 이낙진은 한 편의 글이 하나의 주제 아래 단일한 소재가 아닌 여러 가지 경험 소재를 녹여 넣는 글쓰기 방식을 택한다. 여러 경험 소재들이 저희끼리 맺어지고 사건을 만들어 내면서 또 서로 의미 충돌을 하면서 사태의 전모를 보여 주고, 인물의 다면성(총체성)을 전할 수 있는 것이다. 따라서 좋은 내러티브는 직설을 피하고 우회와 은유를 통해서 어떤 전체의 모습과 분위기까지도 전하는 효과를 얻는다.

작가는 글쓰기에서 다성적 울림을 살려냄으로써 자신의 총체를 보여 주려 한다. 동시에 자신이 살아온 시간과 세계를 가능하면 총체적으로 표현해 보려고 노력한다. 그러기 위해서 작가는 자신의 글에서 이질적인 경험과 사유들을 마침내 친근한 관계로 이어지게 글을 구성한다. 이는 글쓰기를 하이퍼텍스트 만들기의 방식으로 접근하는 것이라 할 수 있는데 사고력의 수준에서 보면 독자에게도 고급의 사고를 요청하는 것이라 할 수 있다. 유력 매체의 좋은 칼럼들이나 뛰어난 명연설들은 이렇듯 이질의 현상들을 의미 있게 관계 맺도록 하고, 창의적으로 융합시키는 역동성을 지닌다. 더러 우리의 작가가 그의 이성과 감성을 의미 있게 조우시키고 융합시키는 것도 자신을 보다 입체적으로 보여 주기 위한 노력으로 인정해 주어야 할 것이다.

이렇게 해서 그의 글을 읽는 지적 재미를 만들어 내는 것이다.

사실 우리들 인간의 현실적 실재reality를 총체적으로 말하기는 어렵다. 인간의 현실적 실재라는 것이 인간이 구사하는 모든 정신적·신체적 융합의 현상으로 드러나는 것이지 이성은 오로지 이성으로만 현실화되고, 감성은 감성으로만 현신하는 것이 아니지 않은가. 논리 안에 정서가 삼투되고, 정서의 작용 내부에도 그 나름 논리의 개입이 있는 법이다. 이것이 인간의 총체적 실재이다.

어디 그뿐이겠는가. 개인적인 것 안에 사회적인 것이 있고, 사회적인 것 안에 개인적인 것이 스며들어 있는 것이다. 숙성된 통찰이란 인간사 모든 일에 이런 인연과 만남이 운명적으로 또는 의지적으로 들어 있음을 알아차리는 것이다. 또 다른 측면에서의 다성적 울림과 심포니적인 의미 효과를 내는 것으로 '경험 한가운데서 그것을 겪고 있는 나'와 그런 나를 성찰하고 비판하고 가치화하는, 즉 본래의 나를 한 차원 위에서 '메타 인지meta cognition하는 또 다른 나'와의 갈등과 조화가 빚어내는 다성적 울림도 있다. 각 편 말미(■■)의 다른 체제로 기술된 내용에 대개 '메타 인지의 나'가 있다.

그것은 과거와 현재 사이의 다성적 울림으로도 나타난다. 끊임없이 현재의 자아 입장에서 이들 사태를 조응한다. 현재를 과거의 기억에 대입하기도 하고, 과거를 현재로 불러내어 현재 안에 재배치하기도 한다. 그가 세월을 설명하는 방식이 그러하다. 이는 글쓰기가 왜 자연스럽게 자기도야의 경지로 우리를 몰고 가게 하는지를 보여 주는 것이기도 하다. 그런 사유의 트랙을 그의 글쓰기가 매우 모범적으로 보여 준다. 통찰의 힘을 기른다. 이 글쓰기가 통찰의 숙성을 기하는 것이기도 하다.

에피소드를 넘는 가족 가치의 견고함

《달나라로 간 소신》에는 15편의 소품들이 자기서사의 방식으로 전개되어 있고, 그 주제의 스펙트럼은 참으로 다채롭지만 이 모두를 꿰뚫어 관류하는 하나의 초점 포인트를 찾으라면 무엇을 집어내겠는가. 물론 이 질문에는 특정의 정답이란 것이 있을 수 없다. 그것은 해석의 자유에 해당하는 것이기 때문이다.

해석의 자유를 나에게 준다면 나는 그것을 '가족 가치'라고 말하겠다. 물론 다른 답의 여지도 있다. 작가가 책의 제목을《달나라로 간 소신》이라고 정한 것을 보면 기자로서의 '소신'이 초점을 지니는 것 아니겠는가 할 수도 있다. 소신은 현실에서는 지켜지지 못하고 달나라로 가서 영원한 이상으로만 남아 버린 페이소스 같은 것이 이 책을 감돌고 있다고 볼 수도 있기 때문이다. 작가가 이 책의 마지막 글을 '신념'으로 배치한 것도 그런 의지의 표상으로 여겨지기도 한다. 충분히 그럴 수 있다.

그러나 그럼에도 불구하고 이 책을 은은하면서도 지배적으로 채색하여 관류하는 정서적·의지적 포인트는 가족 가치이다. 작가는 많은 비중으로 할머니를 이야기하고, 아버지를 이야기하고, 야속한 고모네를 이야기한다. 이런 대목들이 지나가는 에피소드로만 들리지 않는다. 가족을 보는 관점이 이들 에피소드에 모두 들어 있는 것이다. 그의 가족 가치는 그가 아끼고 사랑하는 딸들에게 가문 족보를 교육하는 대목에서 최고조에 이른다. 가족 가치에 대한 그의 깊고 든든한 인식을 주목하지 않을 수 없다. 가족 가치를 소홀히 한 아버지에 대한 아픔도 그의 일관된 가족 가치를 입증한다. 얼핏 전통적 가치에 서 있는 것처럼 보이지만 아내와 두 딸을 존중하여 대하는 태도는 리버럴하다. 요컨대 그는 가족 가치를 일종의 신념화된 차원에서 실천하는 사람이다.

가족 가치를 살피기 위해 첫 번째 실린 글 '여름'을 한 번 더 거론해 보자. 그가 '여름'에서 보여 주는 가족이라는 밑그림의 가장 깊은 곳에는 그의 두 딸이 있다. '어린 두 딸의 시간'을 놓치지 않고 간직하려는 육친애가 정직하게 놓여 있다. 그런데 그 육친애의 감수성을 그냥 단순한 감정(또는 본능)의 차원으로만 기억하고 가치화하려 하지 않는다. 그 무렵 그 시간에 작가가 경험하고 사유한 다른 모든 것들과 가족들의 모습을 의미론적으로 결부하려고 시도하는 것이다. 이런 사고는 두 딸을 포함한 가족의 존재를 고상하게 고양하는 정신적 노력이라 할 수 있다.

두 딸의 어린 시절을 하나의 종합적인 풍경으로 기억하고, 그것을 인지적으로 또는 정서적으로 더 의미 있는 울림으로 저장하기 위해서 그는 여름 이야기를 이런 방식으로 구성하고 기억한다. 그 무렵 자신의 여름휴가를 이지적으로 점령했던 독서 경험을 더 의미 있는 울림으로 저장하기 위해서 가족과 휴가지의 행로와 먹었던 음식들과 두 딸의 이야기를 다성적 울림으로 버무려 넣는 방식으로 이야기를 구성하고 기억한다.

사랑하기 방식으로서의 글쓰기 미학

두 딸에 대한 이야기는 '여름'에서만 나오는 것이 아니다. 거의 대부분의 이야기에서 등장한다. 어떤 주제가 되었든, 어떤 사태가 발생하였든, 어떤 문화적 경험이 개입해 들어오든, 어떤 시간의 흐름을 회상하든, 어떤 고적함과 무상함에 빠져들든 두 딸과 가족에 대한 상념과 상상력은 물러서지 않는다. 그렇게 함으로써 두 딸에 대한 기억은 더 의미 있게 단아해지고, 글쓴이의 자아는 어떤 도덕적 자질을 높여 간다. 가족을 위하여 자식을 위하여 내가 훌륭한 아버지가 되려는 심리적 메커니즘이 가능해지는 것이다. 가족 가치가 어떤 도덕적 책무감에 연결되고, 그것이 다시 모종의 도덕성으로 승화되는 분위기를 읽을 수 있다.

조금 과장해서 말하면 그의 두 딸은 이 책의 어느 장에서나 다 있다. 드러나 있는 경우도 있고, 겉으로 드러나 있지는 않지만 그 존재를 문맥의 뒤에 숨겨서 보여 줄 때도 있다. 숨겨도 또 숨겨도 배어 나와서 도저히 숨길 수 없는 것, 사람들은 그것을 '사랑'이라고 말한다. 아내인 '이 선생'도 그런 대상이기는 마찬가지이다. 다만 더 깊숙하게 숨겨 놓고서 다룰 뿐이다.

이 책은 작가가 서문에서 밝혔듯이 10여 년 전에 써둔 글(■)과 최근에 쓴 글(■■)이 섞여 한 편을 이루고 있다. 10여 년 전의 글에서 나타난 가족 가치가 최근의 글에서 더 강화된 것을 느낄 수 있는데 그것은 참으로 아름다운 사랑이다. 작가는 그런 사랑을 들키고 싶어 하지 않았겠지만 오히려 그런 도모 자체가 글쓰기의 성숙도를 높인다. 숨김으로써 더 그윽하게 드러내는 방식이다. 동양적·고전적 드러내기의 방식이다. 이는 취향이기도 하지만 어찌 보면 일종의 글쓰기 문화이기도 하다. 그렇기 때문에 자기서사를 써 내려간 이 에세이집이 나 같은 독자에게 매력을 주는 것이다.

《달나라로 간 소신》은 작가가 신문기자로서의 비판적 곧음과 현실주의 사회의식을 표방해도 오히려 정서적으로 푸근하고, 설명하기 힘든 심미적 아름다움을 은연중에 거느린다. 가족 가치가 건강하게 빚어내는 사랑이 숨어 있기 때문이다. 때로는 사랑이 문맥의 뒤에서, 때로는 사랑이 행간의 여백에서 향훈처럼 스며든다. 그런데 여간 주의해서, 여간 민감하게 들여다보지 않으면 이게 잘 보이지 않는다. 그게 바로 이 에세이집의 매력이다. 만약 그것이 누구에게나 보자마자 쉽게 간파된다면 그 사랑을 어찌 나만의 소중함으로 저장할 수 있을 것인가. 그 사랑은 내 마음의 보석으로 오래 유지되기 어려울지도 모른다. 작가는 이 점을 너무도 잘 알고 있다. 소중한 것을 나만 알게 감추기, 이는 삶의 미학美學이다. 그리고 삶을 표현하는 글쓰기의 미학이기도 하다.